“互联网+政务服务”

公众采纳理论、实证与应用

钱丽 著

化学工业出版社
·北京·

内 容 简 介

本书首先分析“互联网+政务服务”公众采纳理论，提出面向公众需求整合“互联网+政务服务”信息资源，根据政务服务主题、用户对象、政务业务流程、信息服务逻辑层进行信息资源整合，有利于提高“互联网+政务服务”信息资源的使用效率以及公众采纳意向；其次，针对“互联网+”复杂环境对公众采纳行为的影响，从感知信任、外部环境、用户满意度等多维角度分析用户采纳行为的影响因素，以及不同阶段公众采纳的心理特点，构建基于过程的多维度“互联网+政务服务”公众采纳框架，对“互联网+政务服务”的建设和完善具有指导作用；再次，在采纳理论基础上，根据实证结果提出“互联网+政务服务”公众采纳对策，用于指导“互联网+政务服务”平台的建设以及服务平台的不断改进，深化“互联网+政务服务”应用，提高政府公共服务水平；最后论述突发事件下政务短视频在公众采纳中的应用，以及人工智能技术、区块链技术在“互联网+政务服务”公众采纳中的应用。以上技术对传统政务服务的理念、机制和体系都产生了深刻的影响。

本书有助于政府从综合、系统的角度更加全面地分析“互联网+政务服务”公众采纳问题，更好地指导政府进行“互联网+政务服务”实践；有助于政府采取有效的方法激励公众广泛使用“互联网+政务服务”，提升“互联网+政务服务”的公众采纳与用户满意度；有助于降低政府的施政成本和公众使用政务服务的成本，充分实现“互联网+政务服务”的应用价值，对我国“互联网+政务服务”建设和推进建立服务型政府具有重大意义。本书适合 MPA（公共管理硕士）、相关学科各专业的学生以及“互联网+政务服务”专业人员阅读，也适合公务员、首席信息官、软件公司人员作为学习资料使用。

图书在版编目（CIP）数据

“互联网+政务服务”公众采纳理论、实证与应用/钱丽著.—北京：化学工业出版社，2022. 3

ISBN 978-7-122-40570-8

Ⅰ. ①互… Ⅱ. ①钱… Ⅲ. ①电子政务-研究-中国 Ⅳ. ①D63-39

中国版本图书馆 CIP 数据核字（2022）第 010318 号

责任编辑：毕小山　　文字编辑：蒋丽婷　陈小滔

责任校对：王鹏飞　　装帧设计：刘丽华

出版发行：化学工业出版社（北京市东城区青年湖南街 13 号　邮政编码 100011）

印　　装：北京建宏印刷有限公司

710mm×1000mm　1/16　印张 $10^1/_4$　字数 180 千字　2022 年 4 月北京第 1 版第 1 次印刷

购书咨询：010-64518888　　售后服务：010-64518899

网　　址：http://www.cip.com.cn

凡购买本书，如有缺损质量问题，本社销售中心负责调换。

定　　价：78.00 元

前言

PREFACE

“互联网+”带动信息产业的升级发展，公众对于互联网与信息化有了更加全面深入的了解，“互联网+政务服务”也在不断适应互联网发展的新特点，适应公众个性化需求。“互联网+政务服务”的价值在很大程度上取决于公众的采纳使用行为，如何提升公众采纳是值得重视和深入研究的问题。

目前有关“互联网+政务服务”公众采纳的研究主要集中在政府网站采纳、政务服务能力绩效评估、政务信息资源强化过程以及政务信息互动过程的阶段，而面向用户需求的“互联网+政务服务”观念却没有涵盖其中，并且“互联网+政务服务”所具有的特性和服务模式等方面的研究缺乏；还有一些文献是从政府角度研究较多，缺乏面向用户需求个性化的角度；针对信息资源服务的研究，许多学者主要从“互联网+政务服务”信息的发展阶段、职能定位、运作模式等方面来研究，政务信息资源服务没有形成完整、标准化的研究体系；还有一些学者主要关注“互联网+政务服务”信息的检索方式、服务内容和责任监督等方面，缺少对“互联网+”环境下政务信息的新特点和实证层面的研究。此外，基于用户需求聚类技术的研究主要集中在电子商务推荐应用方面，很少涉及“互联网+政务服务”聚类栏目智能化服务研究方面，并且甚少引入“互联网+”的思维理念。因此，公众对于“互联网+政务服务”的满意度不高，对于“互联网+政务服务”体验一直处于低位，公众参与度较低，并且公众对政府网站公开信息的关注度、浏览量与热门互联网商务网站相差甚远。本书提出面向公众需求整合“互联网+政务服务”信息资源，根据政务服务主题、用户对象、政务业务流程、信息服务逻辑层进行信息资源整合，有利于提高“互联网+政务服务”信息资源的使用效率以及公众采纳意向；针对“互联网+”复杂环境对公众采纳行为的影响，从多维角度分析用户采纳行为的影响因素，以及不同阶段公众采纳的心理特点，构建基于过程的多维度“互联网+政务服务”公众采纳模型。该模型对“互联网+政务服务”的建设和完善具有指导作用。因此，根据“互联网+政务服务”公众采纳多年的理论研究成果和实践历程，面对行政改革和信息化发展带来的挑战与机遇，围绕国内外“互联网+政务服务”建设的进展情况，依据我国关于“互联网+政务服务”的有关法律法规，结合“互联网+政务服务”教学与培训的实际需要，本书对“互联网+政务服务”的理论与实践进行了全面总结和探讨，汲取了“互联网+政务服务”公众采纳最新的理论和实践成果。

本书基于政府与民众之间的良性互动视角，分析“互联网+政务服务”公众采纳理论、实证及应用，从实地调研资料入手构建定量模型加以实证研究，有助于更加精准地分析信息公开与政府信任的关系以及相互作用机理，为政府治理创新提供科学的决策依据。实证分析部分结合问卷设计、调查与定量统计分析，采用 SPSS 和 LISREL 统计工具对数据进行分析，验证研究模型中所提出的研究假设，识别公众采纳的影响因素，构建基于过程的“互联网+政务服务”公众采纳模型。本书与国内外出版的同类书相比，力求体现以下特点。

① 内容丰富性　目前国内外“互联网+政务服务”研究的主要成果在本书中均有囊括，“互联网+政务服务”的理论、实践、应用、案例、知识等内容全面。

② 选题新颖性　“互联网+政务服务”公众采纳理论与实践的创新与探索在本书中均有涉及，结合政务公开、移动政务、人工智能、大数据、区块链技术等方面选题。

③ 结构完整性　基于政府与民众之间的良性互动视角，分析“互联网+政务服务”公众采纳理论、实证及应用，从实地调研资料入手构建定量模型加以实证研究。

④ 知识实用性　结合我国政府改革实践，着力提升政府公共服务能力，既围绕“互联网+政务服务”实践，又结合政府各方面与“互联网+政务服务”相关的工作。

本书系安徽省哲学社会科学规划项目“重大突发事件中信息公开需求及其与政府信任关系研究”（编号：AHSKY2020D13）、安徽省社会科学创新发展研究项目“区块链技术在疫情应对与政府治理中的应用研究”（编号：2020CX042）、安徽建筑大学城市管理研究中心的阶段性研究成果。作者借鉴和参考了相关研究文献和资料，吸收了许多专家学者的观点，收集了众多“互联网+政务服务”的最新资料，在此向有关专家和安徽建筑大学城市管理研究中心表示感谢。由于作者水平有限，不足之处在所难免，恳请读者不吝赐教。

著　者

2021 年 8 月

目录 CONTENTS

第 1 章 “互联网+政务服务”公众采纳概述

第 2 章 “互联网+政务服务”公众采纳信息资源

第 4 章 “互联网+政务服务”公众采纳实证

第 5 章 “互联网+”移动政务公众采纳案例分析

第 6 章 “互联网+政务服务”公众采纳应用

Chapter 1

第1章

“互联网+政务服务”公众采纳概述

互联网的出现让“地球村”成为了现实。随着时代的发展，互联网技术进入了以融合性、创新性、开放性、灵活性为特征的“互联网+”阶段。互联网的影响范围从原先的信息通联领域拓展到了经济、社会管理、政府管理等领域。“互联网+”推动着传统产业的转型升级，带来了企业商务模式的变革，也促使政府变革管理服务模式。

我国政府顺应互联网经济发展潮流及时发布了多个促进互联网经济发展的文件。2015 年 7 月，《国务院关于积极推进“互联网+”行动的指导意见》（以下简称《意见 2015》）提出了“互联网+”的十一个重点行动领域，其中第六项“‘互联网+’益民服务”则明确指出需要创新政府网络化管理和服务，发展便民服务新业态。以《意见 2015》为标志的“互联网+”时代的到来为我国社会发展开启了全新模式。2016 年 9 月国务院发布了《国务院关于加快推进“互联网+政务服务”工作的指导意见》(下文简称《意见 2016》)，提出了推进线上线下融合，提供渠道多样、简便易用的政务服务，解决人民群众反映强烈的办事难、办事慢、办事繁等问题的指导意见，表明了我国政府想人民所想，建设法治政府、创新政府、廉洁政府和服务型政府的决心，体现了我国政府顺应时代发展的特点和要求而确立的创新、协调、绿色、开放、共享的新执政理念。

1.1 “互联网+政务服务”理论

“互联网+政务服务”的本质是指以政务服务平台为基础，以公共服务普惠化为主要内容，以实现智慧政府为目标，运用互联网技术、互联网思维与互联网精神，连接网络社会与现实社会，实现政府组织结构和办事流程的优化重组，构建集约化、高效化、透明化的政府治理与运行模式，向社会提供新模式、新境界、新治理结构下的管理和政务服务产品。“互联网+政务服务”就是将政府行政部门的管理和服务活动通过互联网技术实施，例如大数据、云计算、物联网、移动通信等技术方式，并运用这些互联网技术改造现有的政务服务系统。“互联网+政务服务”是在新的科技发展形势下的一种新型发展模式，融合了“互联网+”的技术、思维和理念，面向公众需求提供“互联网+政务服务”的政府服务新模式。“互联网+政务服务”作为一种新的公共管理和服务方式，其核心内容是推动以人为本的“互联网+政务”管理及服务模式的创新。“互联网+政务服务”发展的目标就是提升公共服务水平，提供面向公众的优质、高效的公共服务，并且提高服务平台的互联互通，充分利用“互联网+”技术将大量涉及公众日常生活的公共服务应用集中在统一的互联网平台上。

“互联网+政务服务”是为顺应信息社会发展和用户需求，使政府在现有电子政务的基础上进行全面升级换代。传统电子政务系统缺乏交互性，大多不能实现实时在线办理，增加了服务网站的使用、运维成本，降低了公共服务的用户满意度。“互联网+政务服务”和传统电子政务的不同之处在于其强调服务提供者与服务接收者之间的互动性，能利用社会公众与政务服务的互动促进政府行政体制改革，使政府能够随着“互联网+”环境的变化而相应地调整“互联网+政务服务”，提供更加人性化、高效化、智能化的政务服务。

1.1.1 “互联网+政务服务”发展

“互联网+”时代，如何从用户的角度出发，使“互联网+政务服务”真正被公众接受并采纳，是“互联网+”环境下“互联网+政务服务”面临的巨大挑战。

（1）“互联网+政务服务”国家发展的政策背景

在国家积极推进以互联网升级带动传统产业变革的大背景下，互联网与政务信息服务正在进行有效的结合。“互联网+”政务信息服务给“互联网+政务服务”的创新带来了新的机遇。“互联网+”时代的信息技术大大提升了社会运行效率，深刻改变着社会运行模式，政府需要与时俱进，依靠活跃的技术来影响和带动政务服务模式的创新，保持与社会同步的信息效率，实现“互联网+政务服务”发展的新模式。2014 年发布的《国务院办公厅关于促进电子政务协调发展的指导意见》中提出，计划利用 5 年时间建成国家统一规范的电子政务网络，提升政务信息开放共享的水平，促成业务协同推进。通过面向公众的“互联网+政务”信息服务有效提高政府管理的信息化能力，促进政府公共服务网上运行全面普及。国务院在 2015 年 7 月发布了《意见 2015》，2016 年 9 月出台《意见 2016》，其中都提出了推进“互联网+政务服务”建设，表明了我国政府想人民所想、建设服务型政府的决心。2016 年发布的国家“十三五”规划纲要提出实施网络强国和国家大数据战略，推广“互联网+政务服务”，全面推进政务公开。在国家战略政策的指导下，浙江、江苏、安徽等省相继开展“互联网+政务服务”模式的探索工作。不过当前的“互联网+”在这方面的应用仍处于初步探索阶段。

（2）“互联网”信息时代用户使用背景

随着互联网的普及，人们对互联网的熟悉程度和使用频率都发生了前所未有的变化，公众使用互联网信息技术已经成为一种生活基本需求之一。根据中国互联网络信息中心（CNNIC）发布的《中国互联网络发展状况统计报告》，截至 2021 年 6 月底，中国的网民数量达到 10.11 亿人，较 2020 年 12 月增长 2175 万人，互联网普及率达 71.6%。10 亿用户接入互联网，形成了全球最为庞大、生机勃勃的数字社会，互联网行业的整体发展趋势呈现出规范化、价值化的特点。随着网民规模持续扩大，互联网普及率平稳上升，当前使用互联网已经成为我国人民群众（尤其是中青年一代）的基本生活方式之一，网上支付已经成为人们常用的支付方式。在各级政府的大力推动下，“互联网+政务服务”也日渐为广大网民接受和使用。截至 2016 年 12 月，我国的在线政务服务用户规模已经占总体网民的三成，其服务方式包括腾讯、阿里巴巴等企业的城市服务，以及政府公众号、网站、微博、手机端应用等在线服务。与此同时，社会公众对互联网政务服务的采纳与参与意识在不断增强，对行使知情权、表达权、参与权、监督权的需求日益迫切，对增强政府公信力和执行力的期待与日俱增，政务服务方式也必须符合“互联网+”时代用户的使用需求。

（3）“互联网+政务服务”是电子政务发展的新模式

随着“互联网+”时代的到来，为了向广大群众提供优质、高效的基本公共服务，我国政府适时提出推进“互联网+政务服务”建设。传统的电子政务只是单向的信息发布，大都不能实时在线办理业务，缺乏与公众的互动交流性。“互联网+政务服务”不同于传统的电子政务，它是电子政务发展阶段的递进，是利用互联网思维、技术和精神，实现对电子政务的全面提升。“互联网+政务服务”强调用户至上，以服务对象的需求为导向，注重用户的评价反馈，变被动服务为主动服务；“互联网+政务服务”注重服务的智能性、使用的便捷性，还强调服务提供者与服务接收者之间的交互性；同时强调服务资源的开放共享，利用大数据技术建立统一架构的标准化平台，促进不同部门、区域和行业之间的资源整合，避免数据鸿沟和信息孤岛问题；“互联网+政务服务”从架构、业务和组织层面重构电子政务，通过快速组合迭代、跨界融合开放、闭环管理等提升服务价值链。

政府随着“互联网+”环境的变化而相应地调整“互联网+政务服务”建设，首先需要在服务内容上加强顶层设计，面向公众开放所有可以公开的信息服务资源；其次要加强宣传，让公众了解他们能够借助互联网使用的网上政务；最后要加强引导培训，让公众能很快上手使用这些服务。在服务网站建设的技术层面，要考虑到海量用户的个性化需求，对政务信息资源进行科学整合，发挥“互联网+”的共享性和开放性优势，实现“互联网+政务”创新服务。此外，需要加强互联网安全和规范建设，提高公众对政府的信任和互联网信任，维护“互联网+政务服务”权威。

（4）“互联网+政务服务”公众采纳背景

目前我国从中央各部门到省市县各级政府及部门都在大力建设“互联网+政务服务”平台，“互联网+政务服务”的成功涉及平台的建设程度和用户的接受程度两个方面，平台建设问题可以通过持续或加大投入及不断优化最新的互联网技术获得解决，但是如何提高用户的接受程度则是我国“互联网+政务服务”发展的最大挑战。“互联网+政务服务”的中心目标是服务公众，要尽可能满足公众不断变化的需求。提高“互联网+政务服务”的应用水平，吸引公众广泛采纳政务服务是“互联网+政务服务”取得成功的判断标准。因此，各级政府和部门在建设“互联网+政务服务”平台时首先需要了解有哪些因素会影响用户对“互联网+政务服务”的采纳，然后根据用户的使用情况了解平台需要改进的地方，采取有效措施吸引用户积极使用政务服务。与此同时，还要避免传统电子政务存在的问题，如服务系统界面不友好、易用性不强、服务环境用户不信任、服务内容无法满足用户的个性化需求等问题，这些问题在一定程度上都会影响公众对“互联网+政务服务”的采纳。

“互联网+政务服务”的公众采纳问题是“互联网+”背景下的一个新兴的研究领域，目前已经出现了一些该领域的研究文献，但这些文献大多局限在从绩效评价和公众满意度这两个指标出发研究网站被采纳的情况，并以此来指导“互联网+政务服务”建设，忽略了对公众采纳行为的分析，这样就很难对“互联网+政务服务”发展有正确全面的理解和把握。公众的满意度、公众的使用率可以量化体现“互联网+政务服务”的应用价值，一定程度上也是公众采纳情况的量化体现，但这不是采纳研究的全部。公众的采纳是“互联网+政务服务”建设成功的关键，鉴于以上情况，有必要开展“互联网+政务服务”公众采纳问题研究，为我国“互联网+政务服务”和平台建设提供理论性的指导，提升我国的“互联网+政务服务”水平。

1.1.2 “互联网+政务服务”发展中存在的问题

（1）地区发展不平衡

我国各地经济和社会发展水平差距较大，尤其是西部和东部之间的差别。这种差异最终也表现在了信息化发展指数上，且沿海和内地、地区内部城乡之间的差距也在逐渐扩大。我国北京、广东、江苏、浙江、上海、福建、天津、重庆、四川、湖北等 10 个省市的信息化发展水平位居全国前列。以北京为例，其城市信息化指数综合评分高达 82.97，而排名第九的四川仅为 66.60，与北京相差近 16 分。总体来看，中国信息化发展水平从侧面反映了“互联网+政务服务”发展的基础水平，呈现着从东部沿海地区向西北、西南、东北三个方向递减的态势。所以，缩小东西部地区信息化发展水平的差距，是未来我国“互联网+政务服务”发展必须重视的一环。

中央、省级部门“互联网+政务服务”的发展速度较快，县级以下部门的“互联网+政务服务”发展速度较慢。以企业设立的相关政务为例，企业为了自身的发展会选择政务处理效率高、政务服务较好的地区，导致较落后地区无法实现通过引进企业而带动地区经济发展的目标。由此可知，“互联网+政务服务”的发展水平一定程度上限制了次发达地区的经济发展水平。“互联网+政务服务”不仅没有成为招商引资的“吸铁石”，还成为“绊脚石”，次发达地区的“互联网+政务服务”水平还有很大的提升空间。

（2）重建设轻管理的现象依然存在

“互联网+政务服务”是建立在大数据时代背景下，以计算机网络技术为基础的，而传统的发展模式将大量精力放在软硬件建设上，忽视了平台建成后的运行管理。实际上，计划、组织、领导、控制等管理职能不仅对企业的管理和运营至关重要，而且同样适用于“互联网+政务服务”领域。由于忽视对服务系统和数据的管理和维护，一些“互联网+政务服务”平台容易崩溃、卡住，甚至会出现信息泄露。部分地区对“互联网+政务服务”缺乏足够的认识，从而无法更好地发展“互联网+政务服务”。一方面体现在对“互联网+政务服务”作用的忽视，认为其辅助政务作用较弱，且操作复杂；另一方面，部分地区缺少相关专业知识，在“互联网+政务服务”建设方面缺乏全面的思考，使建成的“互联网+政务服务”系统缺乏完善的政务内容，且操作并不便利，导致“互联网+政务服务”平台无法发挥真正的作用。另外，部分地区的政府对“互联网+政务服务”的建设理解单一，没有将“互联网+政务服务”与实际情况相结合，且认为其可以解决和处理各种“互联网+政务服务”问题。

（3）标准规范和人才队伍建设仍需加强

随着“互联网+政务服务”建设和应用的深入，这一领域缺乏标准和规范的问题逐渐显现。“互联网+政务服务”系统在安全可靠性、共建共享、无缝对接和决策支持等方面还没有形成一个完整的标准体系，标准的实施效果还缺乏有效的评价。在人才队伍建设方面，系统化、制度化的“互联网+政务服务”专家咨询机制尚未形成。未来需要充分发挥专家的技术指导作用，对各级、各部门的“互联网+政务服务”数据标准、技术接口和项目接入进行把关，并形成良性发展的长效机制和动力机制。此外，如何处理好便捷和安全的平衡，厘清隐私和安全分享的边界，提升安全意识和安全机制，确保“篮子”不漏水，也是目前“互联网+政务服务”亟待解决的一些问题。

（4）政务资源共享不足及部门协同不畅

目前，我国各地区电子政务资源共享不足，以及不同部门之间的政务协同不畅，主要原因在于以下几个方面：第一，各地建立了独立的系统模式，户籍、就业、社保等信息还比较分散，导致不同地区、不同部门的信息资源不能共享。第二，政府服务信息资源目录体系还不完善，没有达到各部门高效协调协作的机制。第三，各部门的网上政务平台运行速度相对较慢，降低了信息共享的效率，最终导致部门间信息沟通不畅、政务效率低下的局面。这严重制约了我国“互联网+政务服务”向“高速高效”的目标发展。

（5）政务系统缺乏统一规划

目前的“互联网+政务服务”总体布局比较单一，各部门之间没有使用统一的系统，且各种系统表现的功能和特征不同，尚未形成体系化格局。究其根本，出现上述问题的主要原因是不同单位使用的“互联网+政务服务”系统不同，各个单位自行选择系统，有的会经常替换系统，导致系统互不相通。由此造成政务不便，如人民群众要想了解自己的某些情况和信息，在系统宣传不到位的情况下，他们会在多部门之间进行沟通与交流，利用多个系统进行操作与查询，导致政务工作存在重复性和繁杂性。虽然政府提供了很多平台，但是群众并不了解各个平台具体的功能和作用。

公共服务过程过于烦琐，群众对此抱有不满情绪。群众的政务可能涉及多个政府单位，且需要进行跨窗口办理，且在办理相关手续的过程中，可能需要在多个服务窗口填写多张表格。再加上政务系统繁多，导致上传的相关数据更新滞后，使单位部门上传的数据不一。该情况不仅会导致政务系统重复执行工作，也可能给群众的财产造成损失。

（6）政务系统缺乏统一标准

一方面，各种政务系统的流程和制定标准不同，对服务人员的要求也不同。高低不一的要求有时会导致服务人员的心理存在落差，难以更好地开展工作。对相关服务的名称认定如果多元化，可能导致对应的真实业务相差甚远，办事人员无法明确任务。不同地区的业务办理流程标准不统一，这种情况在现代"互联网+政务服务"中经常发生，尤其在一些跨省的"互联网+政务服务"中。部分省市为了体现自己的特色，多应用有利于自己省市的"互联网+政务服务"系统，有些本可以统一的流程，由于缺乏顶层规划，结果每个地方的政务处理流程也不同。

另一方面，跨区域办理政务难度大。跨区域主要表现在群众的经济政务方面，特别是对于在多个地区开办公司的企业主，各区域对企业设立等办理手续规定的标准和流程不统一，他们为了应对不同地区的服务要求，耗费了大量精力。而且不同的"互联网+政务服务"系统之间无法更好地进行信息交换和沟通，导致各部门的行政效率受到影响。部分"互联网+政务服务"系统烦琐，不利于政务人员开展工作，导致行政人员无法提高工作效率。

1.1.3 "互联网+政务服务"发展对策

（1）加强经济建设，促进"互联网+政务服务"发展

"互联网+政务服务"的发展需要充足的财力和物力作为支撑。经济得到发展不仅可以加强基础设施建设，同时也为政府培育专业技术人才提供资金支持。经济发展带动“互联网+政务服务”的发展，反之，“互联网+政务服务”的发展也会助推经济增长。例如，一个地区的“互联网+政务服务”快捷高效，当地的企业和居民就能通过网络技术来实现远程的事务办理，政务有了民众的良好反馈，政府则会更加大力发展网络产业。而随着本地区的群众感受到信息时代所带来的生产生活便利，一系列的附属产业便顺利发展，促进当地经济的进步。

（2）整合信息资源，提高政务效率

我国“互联网+政务服务”的一个重要的任务就是整合信息资源，并利用其实现社会资源共享。整合信息资源要求我们政府各相关部门之间要有良好的沟通，打破各自为政的僵局，明确每个部门和相应网站的权责，使网站信息更加贴合民众所需，做到“谁主管谁负责、谁运行谁负责、谁使用谁负责”。除了原有的网站信息外还可加设“政务公开”“执法公开”“价格监测”等专栏，保证信息的高效、公开、透明。同时，专业的信息管理人员要本着“以人为本，以人民群众实际需求为导向”的原则收集和采集与人民群众相关的有效信息，将其整理、归类，及时发布到相应的网站上，满足来自不同层次的群众需求，做到群众声音能被政府倾听并收到反馈，能及时服务人民群众。

（3）加强“互联网+政务服务”人才队伍建设

人力资源在经济发展中起着基础性、战略性和决定性作用，是至关重要和不可替代的。因此人才培养在当前经济转型的关键时期极其重要。

首先，要培养一批专门为政府工作的首席信息官（Chief Information Office，CIO）高级人才。信息时代的来临，谁掌握信息谁就有话语权，而大多的社会信息掌握在政府手中。政府作为最大的组织机构来提供公共服务，有责任和义务为全社会公民提供获取信息的有效渠道，可借鉴国内国外政府首席信息官制度的经验来积极尝试制定政府 CIO 制度，从而吸引各大高等知名院校为政府专门培养高级人才。

其次，积极培养一批同时具有 IT 管理能力与治理经验的专业型人才。德勒事务所对 IT 治理的理解是，IT 治理是一个含义广泛的术语，包含信息系统、技术、通信、商业、所有利益相关者、合法性和其他问题；其主要任务是保持 IT 与业务目标一致，推动业务发展，促使收益最大化，合理利用 IT 资源，对 IT 相关风险进行适当管理。国际信息系统审计与控制协会（ISACA）和 IT 治理研究所（ITGI）对 IT 治理则指出：“IT 治理由高层管理机构负责，由领导、组织结构和过程构成，其目的在于确保 IT 能够支撑和扩展组织的战略和目标。”IT 治理和 IT 管理的区别在于，IT 管理主要是由专业的信息系统管理人员针对具体的业务目标从事政务活动；IT 治理主要是由组织高层从宏观层面出发，运用更多的管理学知识，站在组织战略的角度来把控 IT 和业务的目标一致。在积极引入相关行业人才的同时，也要加强相关政策引导以及专业技能培训。一方面使本单位现有的老干部和基层干部能够不再拘泥于传统的办事风格，转变观念；另一方面使新干部更快地熟悉政务与网络一体化工作，从而调动整体的队伍活力，让政务工作更加高效。

（4）保障信息安全

其一，“互联网+政务服务”中涉及人民群众的各种信息，政府应加强对“互联网+政务服务”安全的保障，可设立专门的政务安全管理组织，制定完善的有关“互联网+政务服务”安全的法律法规，同时明确划分具体责任，确保追究问题时可责任到人。

其二，还要提供“互联网+政务服务”资金支持，在推动“互联网+政务服务”便利发展的同时，维护网络信息安全，以应对不断变化的网络。

其三，增加经费投入，加强技术研究开发，鼓励相关单位研究开发和掌握安全可靠的信息技术；对具有自主知识产权的信息安全项目，在财政、税收等方面给予支持，引导相关企业研究开发更先进的核心技术，减少对西方发达国家的技术依赖，为中国“互联网+政务服务”提供坚实可靠的“防火墙”。

目前，“互联网+政务服务”发展呈现不同态势，虽然“互联网+政务服务”发展仍存在很多问题，但未来“互联网+政务服务”发展方向已逐步明晰。将来政府要实现更便捷、更高效的服务目标并不轻松，如能抓住新时代“互联网+政务服务”的发展机遇，则将提高我国政府的决策效率及能力，必将在政务改革中起到极大的推动作用。要更好地把握大数据给“互联网+政务服务”管理带来的机遇，迎接接踵而至的挑战，需要多管齐下。只有通过整合全流程深度数据、建设高素质的人才队伍、建立完善的数据安全体系等措施，“互联网+政务服务”管理才能真正取得质的飞跃。

（5）建立和规划统一的标准

要实现“互联网+政务服务”信息共享，同步沟通交流，就应该规范实施统一的“互联网+政务服务”信息。政府应在调研和研究实际情况的基础上规划“互联网+政务服务”相关工作，并将规划引入政府未来的发展计划。针对相关“互联网+政务服务”建立的具体系统，可采用竞标、社会公示等方式聘用相关专业人员，并与相关人员进行合理的沟通交流，使“互联网+政务服务”更贴近实际，以提高政府处理政务的科学性和高效性。各区域政府在统筹规划其管辖地区“互联网+政务服务”的前提下，应尽可能使“互联网+政务服务”处于政府的管理和监督下，以做好政务监督工作。

① **设定政务审查程序**。“互联网+政务服务”涉及人民群众的各种私人信息，相关流程需要接受政府的审查。比如，定期给该地方的业务负责人提交电子报告。系统审查具有对相关政务的监督功能，当地方政府试图审批一些不符合国家规定的文件时会触发自动报警功能，必须向上一级部门申请权限才可批示。例如，在某地，国家有明文规定不可建造纸厂，因为该类企业属于高污染企业，但如果当地造纸厂申请在该地办厂，则需要提示该项目不合规，无法受理正常审批程序。假设属于特殊情况，确需审批，则需由上级（指定）部门人工审核。

② **保留操作痕迹**。为了确保相关操作责任到人，防止违规违法等事件发生，政府各部门必须记录政务人员对系统操作运行的电子痕迹。比如，警员开展相关工作需要查询居民行踪轨迹时，查询系统要记录由哪名警员查询，警员之间不得互借工作所用警员号。如果发生居民信息泄露，被人恶意拍卖等情况，则可以通过溯源解决。

1.1.4 “互联网+政务服务”发展趋势

国外的“互联网+政务服务”比较重视实际应用，把企业、公众服务实现资源共享放在极其重要的位置，并作为改善政府运行效率的重要指标。例如，新加坡在20年前就提出了市民服务中心、企业服务中心的理念，通过“互联网+政务服务”建设打造智慧岛，打造一个信息化时代新加坡的新的发展形象。在党中央、国务院的正确领导下，我国“互联网+政务服务”工作正向着更高水平与目标不断迈进。新时期，我国“互联网+政务服务”出现了以下发展趋势。

第一，“数字政府”改革将掀起新一轮“互联网+政务服务”建设高潮。数字政府是“互联网+政务服务”发展的新阶段，是数字中国的重要组成部分，是数字经济、数字社会、数字文化及数字生态的核心结合部，发挥数字政府建设的引领作用，可以整体带动和提升数字中国建设。党中央、国务院相继出台了一系列文件，加强“互联网+政务服务”新理念引领和顶层设计，全方位勾勒出“互联网+政务服务”发展蓝图，推进政府管理和社会治理模式创新，建设管理协调、服务高效的“互联网+政务服务”体系，推动以部门为中心的建设模式向数据共享、业务协同的方向转变，提高政府宏观调控、社会管理和市场监管能力，促进政府决策科学化、社会治理精准化、市场监管高效化。

第二，公共服务仍是当前推进“互联网+政务服务”发展的重点。从内部来看，政府信息能力的建设已经取得了显著成效，网络基础设施、业务应用、数据资源都取得了长足发展，为提高公共服务能力奠定了良好的基础。从外部来看，人民群众对公共服务的需求质量日益增长，对政府的服务能力提出了更高要求。无论从哪个角度来看，未来政府信息化建设都必须将发展重点转向提高公共服务能力。

第三，积极推动服务型政府的创建。未来，我国“互联网+政务服务”建设应体现以公民为中心的发展理念，实现“互联网+政务服务”的“为民服务、造福人民”，全面提高服务效率和服务质量，全面建设服务型政府。同时，今后应重点抓好政府门户网站建设。政府门户是政府提供网上服务和公民享受“互联网+政务服务”的基础平台。提高其便捷性和效率，将极大地提升“互联网+政务服务”的水平。理想化的政府门户网站不仅要提供信息的单向功能，还要实现政府与公民的双向互动。政府可以实现信息的共享和公开，这也有利于公民对政府工作的监督。这样也能拉近政府和公民的距离，体现政务的服务理念，最终形成公开、透明的民主监督机制。

第四，人才队伍和标准规范建设将不断加强。加强领导干部的信息能力培训力度，培养一批掌握国家信息化指挥权的干部队伍，促进“关键少数”更快掌握“加快建设数字中国”的指挥权。习近平总书记要求各级领导干部特别是高级干部要主动适应信息化要求、强化互联网思维，不断提高对互联网规律的把握能力、对网络舆论的引导能力、对信息发展的驾驭能力、对网络安全的保障能力。在标准规范方面，要继续优化完善“互联网+政务服务”标准体系，补充缺失的标准规范，完善基础设施、数据资源、业务应用等标准规范实施机制，加强标准规范的实施、保障等环节，充分发挥标准规范的导向作用。

当今，随着信息化时代的不断发展进步，大环境也对我国“互联网+政务服务”的发展提出了新的要求。通过分析目前我国“互联网+政务服务”运行中存在的不足，可以更加直观地预测我国“互联网+政务服务”未来发展的关注点。鉴于此，加快数字政府和服务型政府建设，提升公共服务，不断加强人才队伍和规范标准建设，既是深化行政管理体制改革的重要内容，也是实现我国“互联网+政务服务”发展迈向国际前沿，带动整个国民经济和社会信息化发展的必经之路。

1.2 国内外相关研究进展

公众采纳理论涉及信息技术、社会学、心理学、行为学等多领域知识。用户“采纳”的概念在国内外参考文献中没有明确界定，国外常用“adoption”和“acceptance”两个英文描述采纳的概念，国内文献中“采纳”与“接受”并没有被严格区分。国外学者经常使用“采纳”，而国内学者经常使用“接受”一词，还有学者直接以“影响因素”“初始使用意向”“持续使用意向”等词语表达 。笔者通过分析发现许多文献中不论“采纳”还是“接受”，所构建的研究模型都指向一个目标，即用户对“互联网+政务服务”的使用意向。本书“公众采纳”是指公众初始接纳且愿意使用政府所提供的“互联网+政务服务”，并且会积极参与服务改善的过程。公众采纳行为与使用意向紧密相关，公众采纳过程应分为初始接受和持续使用两个阶段。本书从接受方的角度研究个体信念和态度对个体使用意向和行为的决定性作用。

1.2.1 国外公众采纳理论

国外在“互联网+政务服务”发展阶段就开展了“互联网+政务服务”公众采纳的研究，在对公众采纳“互联网+政务服务”的影响因素进行分析时应用了多学科的知识，如心理学、信息学、社会学等，研究主要包含理论研究和实证研究两类，大多是从采纳基础理论开始研究，通过设计问卷、分析样本数据、提出研究假设、构建研究模型等过程，对公众采纳行为的影响因素进行各种理论和实证研究。综观现有文献，目前“互联网+政务服务”公众采纳研究所用到的基础理论主要有：信任理论（Trust Theory）、社会认知理论（Social Cognitive Theory，SCT）、理性行为理论（Theory of Reasoned Action，TRA）、服务质量（Service Quality，SERVQUAL）理论、创新扩散理论（Diffusion of Innovations Theory，DIT）、技术接受和使用整合理论（Unified Theory of Acceptance and Use of Technology，UTAUT）、期望确认理论（Expectation Confirmation Theory，ECT）等。构建模型研究所用的基础模型主要有：技术接受模型（Technology Acceptance Model，TAM）、信息系统成功模型（Information System Success Model，ISSM）、信息系统持续使用模型（Expectation Confirmation Model of Is Continuance，ECM-ISC）、动机模型（Motivational Model，MM）等。从相关文献中各种理论模型的使用频率来看，其中使用频率最高的是信任理论，达到 61%以上，这表明大多数研究人员认为信任因素在“互联网+政务服务”公众采纳中起着关键性的作用；技术接受模型（TAM）的使用率达到 53%，建立在 TAM 基础上的信息系统持续使用模型（ECM-ISC）主要描述持续行为与消费者持续购买行为相似的决策过程。本书选取技术接受模型、信任理论和信息系统持续使用模型等应用率较高且重叠率较少的理论模型作为研究基础。

在理论模型研究的基础上，国外学者们对理论和模型进行了实证研究，以检验其实际应用价值，总结如下。

第一，实证研究建立在已有的理论模型之上，这类工作所采用的理论模型有社会认知理论、信任理论、技术接受模型、创新扩散理论、技术接受和使用整合理论等。Beldad 等人利用信任理论对荷兰网络用户对政府组织使用和处理公众私人信息的信任情况进行了研究。Olaf Rieck 等人对新加坡“互联网+政务服务”公众采纳进行研究，将创新扩散理论与理性行为理论、计划行为理论（Theory of Planned Behavior，TPB）中的社会影响因素与信息系统成功模型中的成本利益因素相结合。

第二，实证研究通过整合已有模型建立新的模型，Kummar 等人整合创新扩散理论、技术接受模型、计划行为理论、服务质量理论等多重理论，为加拿大的“互联网+政务服务”建立了有效采纳模型，并利用他们自己构建的模型对加拿大的“互联网+政务服务”满意度进行了调查。Orgeron 等人结合技术接受模型、信任理论以及服务质量理论等理论模型构建了研究模型，研究了影响用户使用意向的因素。

1.2.2 国内公众采纳理论

目前国内学者针对公众采纳问题的研究，先后从采纳理论以及模型构建方面展开了探索，相比于国外研究起步要晚一些。国内学者的研究主要是集中在以国外已有采纳理论和模型为基础进行本土化整合的研究。许多研究文献将技术接受模型作为基础理论，进一步添加信任理论、持续使用理论以及期望理论扩展成公众采纳模型。靳洪俊等人在技术接受模型中加入信任理论，认为用户对政府的信任和对网络的信任影响用户对移动政务行为的接受，同时也加入了期望理论，认为“期望、确认”模式决定用户接受意向。李乐乐、陆敬筠结合技术接受模型和信任理论建立了“互联网+政务服务”公众接受模型，并且以江苏省门户网站为应用背景进行了实证研究。关欣等以技术接受模型和服务质量模型为基础进行期望确认理论模型的扩展，从公共服务效能和网络系统支持两个维度分析公众采纳问题，并且对北京政府网站的公众采纳展开了实证研究。

单一模型研究公众采纳问题具有一定的局限性，对于公众采纳行为的解释度较低，针对这些问题，还有一些研究文献将多个理论或者模型进行整合，构建新的研究模型来研究公众采纳行为，比较全面地分析了公众采纳的影响因素。高明、陈永顺认为“互联网+政务服务”的成功应用除了取决于技术因素，更取决于用户的使用意愿，在整合技术接受、理性行为、技术创新扩散、计划行为理论等研究模型基础上构建了公众接受模型，比较全面地分析了公众接受政府门户网站服务的影响因素。王立华、苗婷结合理性行为理论、信任理论、计划行为等理论，以西安周边农民群体为调查对象，实证研究农民采纳“互联网+政务服务”的意向及影响因素 。

还有一些学者通过研读公开发表的文献，对这类文献进行了梳理分析，总结其发展规律、预测未来发展方向。杨建芬、李广建从公民采纳研究数量分布、概念界定、理论、模型使用、研究方法等方面对当前“互联网+政务服务”公民采纳研究进行综述。边鹏在分析模型发展趋势中指出，多理论、跨学科、特殊群体的研究将是技术接受模型的研究趋势。

1.2.3 公众采纳理论的不足

“互联网+政务服务”公众采纳问题成为学术界关注的焦点，西方学术界在这一领域取得了很多理论成果。国内学术界近年来也开始关注“互联网+政务服务”公众采纳问题的研究。笔者认为现有文献研究主要存在以下不足。

① 目前针对公众采纳行为的研究往往局限在互联网电子商务领域，涉及“互联网+政务服务”公众采纳行为的研究较少，并且已有文献中有关“互联网+政务服务”采纳行为的研究很多是从政府角度展开，缺乏面向用户个性化角度的研究，其采纳行为的实证研究多偏重于技术方面，缺乏对该领域研究的系统性总结，公众采纳理论基础比较薄弱，研究结论没有创新型突破。

② 现有文献忽略了公众采纳行为的多维度问题，很多研究仅从用户个体特征或者技术特征等单维度来研究公众采纳行为的影响，没有综合考虑服务质量、“互联网+”环境、用户感知信任等多维度影响因素。虽然也有部分学者在研究中开始注意到了公众采纳意愿的多维度特性，但通常是从一般的系统交互过程的角度来讨论，缺乏分析“互联网+”环境对公众采纳行为的影响，以及“互联网+政务服务”本身的具体特征。

③ 目前针对“互联网+政务服务”公众采纳过程的界定存在不同程度的重叠，即理论间存在部分交叉或包含关系，有些采纳阶段的界定容易形成概念的混淆。笔者认为公众在不同采纳阶段有不同的心理特征，影响公众采纳行为的因素也是不相同的。本书基于过程分析公众采纳行为的影响因素，避免现有文献中对于采纳过程分析的重叠性和模糊性问题。

④ 目前国内外研究文献中所提及的公众采纳模型是针对特定站点用户采纳行为的评估，但是针对不同地区、不同时期的人群所使用政务服务的需求不同。对于这种状况，已有的采纳模型无法评估公众不断变化的采纳行为。为了解决这些问题，本书设计了开放式采纳模型，能够评估不同地区、不同时期用户采纳行为的影响因素，用于不断改进“互联网+政务服务”平台。

1.3 “互联网+政务服务”与电子治理

1.3.1 “互联网+政务服务”和电子治理区别

电子治理是指利用信息和通信技术为政府提供服务，传播信息，与公众进行沟通交流。简单地说，“互联网+政务服务”使用电子治理来进行服务、运营、计划。

（1）**电子治理具有的优势**

① 降低成本。

② 提升效益。

③ 提高透明度和公众参与度。

④ 指导政府改进关键领域。

⑤ 降低公民获取信息的难度。

⑥ 政府与公众、企业都能够受益。

（2）**“互联网+政务服务”与电子治理的主要区别**

①“互联网+政务服务”是指政府运作过程中使用通信技术，电子治理是增加政府服务范围和能力的工具。同时电子治理使用 ICT（信息通信技术）来转变和支持“互联网+政务服务”的系统功能和结构。

②“互联网+政务服务”是一个系统，而电子治理是一个功能。

③ 电子治理是单向的通信协议，而“互联网+政务服务”是双向通信协议。

1.3.2 “互联网+政务服务”的碎片化治理

“互联网+政务服务”碎片化是指在电子政务建设中，各部门之间因其对自身利益的倾向追求不同而造成的各部门与各业务系统间缺乏有效互动与资源共享，没有形成整体性规划，从而出现“信息孤岛”、政务管理秩序混乱、制度建设分散化等问题，加剧了各部门条块分割的状况，制约了部门间的交流与合作。“互联网+政务服务”建设碎片化问题主要有以下几项。

第一，“信息孤岛化”问题。在“互联网+政务服务”发展过程中，各政府在开展“互联网+政务服务”时所采取的各自为政的做法，使得各部门间信息交换、共享不充分，无法实现信息的完整有效整合。32 个省级政府信息公开数据结果显示，2016 年全国 32 个省级单位主动公开信息超过 6512 万条。其中，四川省政府信息公开数量最多，公开信息达到了 1000 万条。湖南、江西等地次之，公开信息数量达到（或超过）500 万条。福建、青海等地信息公开数量均不足 5 万条。各省级政府信息公开数量差距较大，地区差异明显。此次调查还对各省政务平台公开信息占比情况做了进一步分析。在纳入调查范围的 32 个省级政府中，未通过政务平台公开的信息数量占比为 37%，通过政务平台公开的信息数量占比为 63%，有$\frac{1}{3}$以上的政府信息未通过政府网站进行公开，使得公众无法准确地了解政府的工作状况，也给各部门间进行有效的信息沟通与互动交流带来了障碍，从而造成了政府部门内部与部门间的信息孤岛问题。

第二，治理秩序“混乱化”现象。“互联网+政务服务”概念的出现对电子政务一体化建设提出了更高的要求。在网络化背景下，政府管理模式要突破以往的科层管理体制观念，以适应新的政府管理方式，构建新的政府组织结构。受传统的“条块分割”管理体制和“上下对口”的管理模式等因素影响，各部门在“互联网+政务服务”建设过程中因存在层级烦琐和职责界限模糊以及自身治理手段的落后等问题更加剧了政务信息管理的碎片化。因此，无论从政府部门的职责来看， 还是从公务人员自身的能力水平和道德素养来看，政府网站管理工作采取措施对政府部门的职责与公务人员自身的能力水平进行合理的约束，用以规范其在“互联网+政务服务”建设过程中的行为，为“互联网+政务服务”建设的整体性治理营造一个有序的环境尤为必要。

第三，制度建设“分散化”问题。从 1999 年我国启动“政府上网”工程到现在我国开展“互联网+政务服务”也只有短短的十几年的时间。“互联网+政务服务”的发展经历了由最初的政府办公自动化的初步阶段到重在实现虚拟政府和公民需求满足的交互作用阶段，直至发展到现在的“智慧政府”建设阶段。虽然我们已经取得了一些经验，但是很多方面还在进一步摸索，“互联网+政务服务”的制度化建设尚在起步阶段，电子政务法制化、规范化程度也相对落后。因此，我国制定了政务公开与信息安全等方面的法律法规，各级地方政府也相继出台了电子政务规定，如 2010 年 7 月山东省人民政府颁布的《山东省政府信息公开办法》，2014 年上海市政府颁布的《上海市网络与信息安全事件专项应急预案》，2017 年 5 月浙江省人民政府颁布的《浙江省公共数据和电子政务管理办法》。但从总体来看，电子政务法律法规建设仍然呈现出分散化的特点，电子政务立法基本处于“三无”状态：无纲领性立法、无确定性立法规则、无有效的立法评价及监督机制。由此我们不难看出， 电子政务整体性治理的制度化建设匮乏，制度供给不足，制约了我国“互联网+政务服务”的整体化建设进程，不利于我国“互联网+政务服务”建设的长足发展。

1.3.3 推进“互联网+政务服务”整体性治理

整体性治理的目的在于解决政府管治过程中的碎片化问题，强调政府部门与非政府主体（私营机构、第三方部门）间的协调与合作。并通过合作各方一致性的目标与手段，强化信息技术的运用和整体性整合策略的优化，以实现政府的公共目的。整体性治理理论为解决“互联网+政务服务”建设的碎片化问题提供了有益的智力支持，正如希克斯所言，整体化运作需要政府主体与非政府主体间进行协力合作，通过合作各方的协调与配合，解决政府管制下的一系列碎片化问题。相应地，在整体性治理视域下，“互联网+政务服务”建设应更加注重治理各方的高度合作和广泛参与，也应将治理的着眼点辐射到政治及社会群体等层面。简而言之，“互联网+政务服务”的整体性治理建设应走整合化、网络化、一体化与电子化的改革发展道路。

一方面由分散治理走向整合的网络化治理。合作治理理论的研究使得社会治理由自主性分治朝多元主体合作共治方向发展。合作问题是普遍存在于人类社会中的，人类社会的进步离不开合作，合作的范围越大，社会进步就越快。美国学者戈德史密斯与埃格斯在对公私部门间合作研究的基础上，提出了“网络化治理”的概念，认为网络化治理是跨领域合作的最高境界，越来越多的私人部门与非营利组织将参与到政府治理过程当中，协同治理下的各政府部门因其工作程序的简化而减少了参与者之间的合作成本。网络化治理冲破了传统治理体制下“治理单一化”的藩篱，在重视公民需求的基础上，强调“互联网+政务服务”治理的整体性思路，通过“政府-公民”“政府-社会”以及“政府-政府”之间的合作共治，对政务信息资源进行充分整合并及时地向社会公开，让社会公众快速了解到政府的工作状况，使政府部门在运作过程中冲破条块分割的藩篱，降低管理成本，提高服务效能，摆脱“互联网+政务服务”建设的“碎片化治理”状态。

另一方面，建立“一体化”政务服务平台。“互联网+政务服务”的“一体化”服务模式是整体性政府建设的重要内容。“一体化”服务即利用先进的网络技术，建立起统一的政务服务平台，并通过一个口径统一、功能完备且安全高效的政务平台对这些政务资源和政务信息进行及时输出，以解决跨部门、跨地区、跨层级政务服务信息难以共享、业务难以协同、基础支撑不足等问题。借鉴国外“一体化”政务服务，澳大利亚政府政务服务具有较高的代表性。澳大利亚政府在 1997 年成立联邦服务中心，这是一个集社会工作者服务、财务信息服务、家庭服务、无家可归者服务、残疾人士服务等项目在内的综合性国民服务机构。该机构通过对各项服务的充分整合，实现跨组织整合管理的目标，这为澳大利亚政府管理工作注入了新的生机与活力。整体性治理作为“互联网+政务服务”碎片化问题的解决方案，强调“互联网+政务服务”建设应走整合化、网络化、一体化与电子化的改革发展道路，强调服务的整合、整体的合作和共同参与的决策方式以及合作的国际化。

1.4
区块链在“互联网+政务服务”中的应用

习近平总书记在中央政治局第十八次集体学习时强调，要抓住区块链技术融合、功能拓展、产业细分的契机，发挥区块链在促进数据共享、优化业务流程、降低运营成本、提升协同效率、建设可信体系等方面的作用。要求通过区块链技术创新社会治理，完善党委领导、政府负责、民主协商、社会协同、公众参与、法治保障、科技支撑的社会治理体系。在“互联网+政务服务”中，区块链有广泛的应用空间，将有力推动“互联网+政务服务”数字化、智能化、精准化、法治化水平。区块链可以提升“互联网+政务服务”现代化水平，区块链中的共识机制、智能合约，能够打造透明可信任、高效低成本的应用场景，构建实时互联、数据共享、联动协同的智能化机制，从而优化政务服务、城市管理、应急保障的流程，提升治理效能。

突发事件对“互联网+政务服务”体系和治理能力提出了极大的挑战，借助区块链技术可以有效推进疫情信息共享服务，使其更加透明、开放、交互和参与。在统筹推进新冠肺炎疫情防控和经济社会发展工作部署会议上，习近平总书记提出“坚定信心、同舟共济、科学防治、精准施策”总要求，面对疫情防控的动态变化，信息是“精准施策”的重要前提。在类似新冠疫情的紧急性公共事务中，各级部门之间相互协调统筹的时间极为有限，对各类数据和信息的时效性、真实性、全面性的需求剧增。借助区块链构建互联信息共享机制、透明网络信任机制、协同救助机制、网格化数字治理机制，不仅是落实疫情防控“科学防治、精准施策”的有效方法，也是实现“互联网+政务服务”现代化的重要抓手。

（1）建立“区块互联”的信息共享机制

当前的疫情防控应对存在信息发布滞后、传播渠道单一、部门间信息不交互、信息不对称等问题，利用区块链技术建立“区块互联”的信息共享机制，可实现政府信息的互联互通、公开透明、安全高效。通过“区块互联”应对疫情防控中多元信息的汇总和聚合问题，可以有效集成民航、交通、物流、商业等各方面的信息资源，避免信息被重复采集、多头采集、多次采集，提高信息传递效率与沟通的及时性。借助“区块互联”将各类物资供给、医疗资源、交通、社区等跨部门信息进行区块互联共享，为精准研判形势提供尽可能准确全面的真实信息。在此基础上，依托“区块互联”建立跨地区、跨层级、跨部门的监管机制，有助于降低监管成本，打通不同行业、地域监管机构间的信息壁垒。

（2）建立“区块透明”的网络信任机制

突发疫情事件凸显了政府信任的重要性，政府信任是疫情有效抑控的前提条件，疫情危机的最终消除也会推动政府和公众之间良性信任关系的构建。一方面，利用区块链技术提升关键信息发布的透明度和公信力，建立“区块透明”的信任机制，实现政府信息公开透明，让公众采取合理方式应对疫情风险；拓宽信息公开渠道让公众更迅速、全面地知晓政府信息，提高与政府协作应对效率；提高信息公开效果，防范化解重大疫情风险，提升政府公信力。另一方面，将“区块透明”应用到政务信息公开、身份认证、诚信管理等“互联网+政务服务”领域，有利于增加交互体验和提高用户黏性，改善政府与公众之间的关系，促使政府为公众提供高效优质的服务，从而提升公众对政府的信任。

（3）建立“区块协同”的应急救助机制

在全局性疫情事件的应对中，“条块分割”的管理体制会导致应急协调过程中顾此失彼，导致单纯的公共卫生事件逐步演变为影响地区经济、社会秩序、地区政治稳定以及地区形象等各个方面的复合型危机，需要总揽全局的应对措施，建立处理不同性质危机事件的协调机制。通过区块链构建“区块协同”的应急救助机制，将应急救助组织方式“压扁”“摊平”，以多元包容的激励机制重塑社会应急救助的利益格局，创新应急救助机制和监管方式，对各类应急救助物资处置做到事事留痕、件件可查、有据有迹，从而大大提高救济物资投放的精准度和适用性。此外，利用区块链中的共识机制、智能合约加强国家应急救助体系建设管理，打造透明可信任、高效低成本的应用场景，构建实时互联、数据共享、区块协同的智能化机制，从而优化应急保障的流程，提升“互联网+政务服务”效能。

（4）建立“区块网格”的数字治理机制

“区块网格”是推进国家数字治理现代化、实现政府信任和高效运转的重要技术基础。当前地方政府在疫情应对过程中主要是以防控为主，缺乏多元主体协同治理的理念，社会组织、公众参与不足。“区块网格”可以助推“互联网+政务服务”精准化，建立“区块网格”的数字治理机制，对网格进行分级分块、信息存证和信息追溯管理，从技术手段上落实各级网格的主体责任，形成“公众参与、分级负责、人人监督”的疫情防控体系，解决疫情信息质量的置信问题，有效保障数据质量，提高数据采集的实时性，并降低治理成本。在此基础上，通过区块链的群智感知和数字签名技术，在基层网格中发动群众参与实时数据采集，实现数据来源可追溯，建立“谁举证，谁负责”的群智数据采集激励机制。

突发事件对“互联网+政务”体系和治理能力提出了极大的挑战，“区块互联”信息共享机制、“区块透明”网络信任机制、“区块协同”应急救助机制、“区块网格”数字治理机制是推进“互联网+政务服务”现代化、实现政府信任和高效运转的重要技术基础，能有效推进“科学防治、精准施策”。借助区块链技术完善政府数字化治理手段，实现从信息建设到信任建设、从信任建设到信心建设的发展转变，为疫情防控和应对未来潜在的紧急性公共安全事件做好数据驱动方面的支持，为政府数字治理创新提供科学的决策依据，有效推动国家治理体系和数字治理能力现代化。

Chapter 2

第2章

“互联网+政务服务”公众采纳信息资源

2.1
“互联网+政务服务”信息资源建设

“互联网+”时代信息技术的发展使得政务信息资源整合从传统服务型向现代服务型转变，但是目前政府管理以及“互联网+政务服务”等没有达到自动化要求，政府服务没有面向用户需求，政府网站很多时候只是简单地提供信息发布和文件公示功能，缺乏互动性；与此同时，各地区各部门政务服务标准不统一，政务服务流程不规范；此外，存在“互联网+”技术驱动不足、服务平台缺乏常态化监测等问题。从相关研究中可以发现，越来越多的国内外学者关注“互联网+政务服务”这一研究课题。国外发达国家“互联网+政务服务”建设较早，把公共信息资源建设放到值得重视的战略性高度，将信息资源放到与能源、土地资源、劳动力资源同等重要的位置，并且提出了“公共信息是国家战略资源”的相关内容。在欧美等发达国家，“互联网+政务服务”的发展呈现开放共享、集约化、优化服务等多元方式。国内一些专家认为“互联网+政务服务”建设在于公众的参与，即政府与公众的互动性对“互联网+政务服务”建设起着重要的作用。还有些学者从计算机网络应用技术角度研究，认为需要发展网络信息技术来提高政务服务建设水平，并且对政务服务能力进行绩效评估。另外一些专家是从政务服务方式、责任监督以及应急管理等机制方面去研究。我国“互联网+政务服务”建设存在的主要问题是公众对于“互联网+政务服务”体验一直处于低位，对政府网站公开信息的浏览量、关注度与热门电子商务网站相差甚远。要使我国电子政府服务水平提升，需要面向用户需求整合政务信息资源，开放公共数据资源，运用互联网思维开展“互联网+政务服务”资源的个性化服务。

2.1.1 基于政务网站的信息资源整合

我国“互联网+政务服务”的发展经历了从电子化、单一的网站应用系统到网络数字化以及政务信息资源开放共享的应用阶段。“互联网+”时期进行“互联网+政务服务”信息资源整合与开放共享的研究是当前“互联网+政务服务”发展的迫切需要，有利于政府职能从管理型向服务型转变，从部门信息服务到共享信息资源服务转变，以及从单一部门业务服务到跨部门、跨区域的综合业务服务转变，有利于进一步提升区域互联网信息化技术水平和“互联网+政务服务”管理水平，从而提高用户对“互联网+政务服务”信息资源的采纳。有关政务信息资源整合方面的研究，一些学者主要从政务信息资源整合的策略、机制、建模以及平台建设等方面展开研究，一些学者从政府门户网站资源整合与一站式服务方面去研究，一些学者从政府门户网站建设和“互联网+政务服务”信息资源整合之间的关系入手进行研究，还有一些学者从信息整合运用大数据云计算机技术方面去研究。

李宇提出以政府门户网站为核心，建立跨部门和区域的政府网站群模式，统一技术架构、标准和规划，整合各部门的政务信息资源，实现政府各网站信息的互联互通、协同应用、开放共享。徐威在研究中分析国外政府门户网站建设案例，英国、美国、新加坡等国的学者依托门户网站平台整合“互联网+政务服务”信息资源，提出整合“互联网+政务服务”信息资源所实现的路径，并且对“互联网+政务服务”信息资源整合的效果评价作了尝试性研究。马费成等人根据用户的信息需求、检索行为和心理特征，研究用户对政务信息检索的个性化需求和发展趋势。黄科舫、翟姗姗等人从大量政府信息资源组织、集成、管理和“互联网+政务服务”的文章中整理出关于政府信息资源整合的相关内容，构建了以用户兴趣为核心的“互联网+政务服务”信息资源整合框架及模型。鲁俊杰等人提出运用互联网技术、理念和架构解决不同部门之间的“信息孤岛”问题，同时利用跨平台技术解决不同平台之间信息资源整合问题，文章列举了福建省通过政务信息资源共享平台实现联通省、市、县三级的数据资源整合平台枢纽。牛力围绕政务信息资源整合问题提出了三维政务资源整合的概念框架，以及基于五个管理层次的政务信息资源整合模型，并且提出利用云计算平台技术提供政务云服务。赵震在研究中指出，云计算平台下“互联网+政务服务”涉及资源多级共享和本地化存储、大数据处理等众多问题，以及公民隐私信息需要进行安全性保障，以保证信息不被外泄、丢失或者非法访问的问题。最终提出建立综合的云计算平台下“互联网+政务服务”大数据服务模式以及云计算“互联网+政务”安全平台模型以适应未来的“互联网+政务服务”需求。当前我国的政务服务部门主要通过建立省、市、区域政府门户网站，构建政务信息数据中心，建立地方区域网格以及政务云技术计算平台等方式来整合政务信息资源，提供政务信息资源服务。

一些文献中提出，目前国内“互联网+政务服务”建设存在重开发轻维护现状，政府一般非常重视“互联网+政务服务”的硬件设备建设，将大量资金投入到硬件设备的配备之中，而对于“互联网+政务服务”的信息开发、开放共享、存储更新以及持续维护的重视不够，投入到信息资源建设的资金不足，也就是政府在网络基础设施建设的投入远大于政务信息资源建设的投入，所以“互联网+政务服务”信息资源建设过程中缺乏技术保障和经费支持，信息资源整合过程中存在着“互联网+”技术驱动不足的缺陷。国内一些发达城市，如北京、上海、青岛、深圳等领先的部门无一例外建立了地区内部或者行业内部的标准，国务院办公厅连续多年印发重点领域信息公开的相关文件，对于重点信息公开进行了工作的部署。在一些做得比较好的地区和部门，也都积极地对重点领域信息公开的内容做了进一步细化，甚至提出更加细化的、标准化的要求。安徽省的重点领域信息公开专栏建设规范，对很多内容都进行了细化，提出了很多具体的要素规范和要求，并要求省内各地市、区县和相关部门按照这个规范展开，这对于重点领域信息公开的规范化、标准化和整体水平的提升，起到了很好的推进作用。统一信息规划与标准，不仅使地区之间、行业之间可比较，监督管理更加便利高效，而且还有一个非常重要的应用，就是一旦标准化之后，很多信息和服务的可扩展性较强，信息服务在各种移动平台的兼容性也较好。

国外领先的政府网站建设一般是标准先行，从网站建设的内容、设计、管理、安全等方面对网站进行标准规范。例如美国出台政府网站设计标准（*US Web Design Standards*）、规范或相关指引；英国政府出台 *Guidelines for UK Government Websites* 网站建设标准。有关网站信息资源整合的相关理论与方法，国外专家学者从整合目的、整合方法、整合内容、整合机制以及模型应用等多个方面进行了分析与探讨。针对整合技术方法主要提倡采用中间件技术集成异构数据以便提高政务信息资源的开放共享性，同时利用新型的云计算技术实现“互联网+政务服务”云平台的构建，最终实现政务信息资源的有效整合与服务共享。针对整合模型应用的研究是从不同的信息整合技术层面提出各种整合模型，例如 Theresa 等提出了基于社会进程与互联网技术的政府信息整合模型，有利于提高信息资源整合的效率。Kamal 等提出了一种基于企业应用集成（EAI）的整合模型，有利于信息资源的集成共享。

2.1.2 基于政务业务方面的资源整合

“互联网+”作为一种新的经济形态，正在深刻地改变我们的社会生活。政府作为社会生活中的核心主体，面对“互联网+”引发的巨大变革，需要深入把握其内涵，以有针对性的措施积极应对。同时，要主动运用新技术提升政府自身建设水平。很多文献中提到目前我国政务信息服务不能面向用户的潜在需求，而是以政府为中心，并且不能根据政务服务业务进行信息资源整合。政府所提供的政务服务缺乏互动性，并且政务信息服务没有根据用户的自然属性进行分类，比如用户的心理特征、职业需求、教育背景、行为模式等，这样会造成政务信息资源的巨大浪费。因此，围绕用户需求展开个性化信息服务，围绕用户需求进行“互联网+政务服务”信息资源整合，提供个性化信息服务，使得政务信息服务具有针对性，将减少许多冗余环节，提高政府部门工作效率，有利于公众积极采用政务信息服务。

后向东在《“互联网+政务”：内涵、形势与任务》一文中探讨了在“互联网+”技术条件下，政府在管理和服务等方面面临的挑战和机遇，提出“互联网+”背景下的“互联网+政务服务”数据网络化是“互联网+政务服务”的基础性工程，认为政务数据化一要确立信息数据化在技术层面的国家标准，二要加强存量和增量政务信息的数据化，三要扩大政务信息规模。张劲松在《标准化：“互联网+政务服务”的顶层制度设计》一文中提到：“互联网+政务服务”不仅是一项系统性非常强的惠民工程，也是国家现代化治理中不可缺失的重要组成部分。“互联网+政务服务”的顶层设计应当融合互联网技术、思维和理念，为公众提供方便快捷、优质高效、公平普惠的政务服务，为政府创新公众服务模式开辟一条新路。罗晓佳在《互联网+政务：助推地方政府向服务型转变》一文中提到，网络时代政府利用互联网信息和通信技术进行政务服务是公共服务的能力需求，“互联网+政务”已经深入到国家政务治理体系之中，也是国家政务治理能力的一个重要标志，并且是国家实现现代化目标的重要条件。王舵在《“互联网+政务”：电子政务发展新模式》中提到传统“互联网+政务”轻服务和用户需求，信息孤岛效应突出，线上线下一体化服务质量不高，无法满足移动政务服务需求。作为一种新型“互联网+政务”发展模式，“互联网+政务服务”应以数据共享和权力公开为核心，驱动政务公开；以用户需求为导向，优化在线服务模式；以政务APP和第三方平台为枢纽，提供“互联网+政务服务”；以政务云为基础，建立政务服务信息网。

综上，国内外学者对“互联网+政务服务”的研究主要有以下几个方面。

① 对政府信息服务制度方面的研究。主要阐述了政务信息公开的基础理论、内容特征、服务方式、程序流程、根本原则、责任监督以及应急管理等问题，从

政务信息的内容特征、服务方式、责任监督、应急管理等制度方面开展研究。

② 对政府信息公开网站方面的研究。提出公众参与政府网站建设的重要性，认为“互联网+政务服务”建设在于公众的参与，即政府与公众的互动性对“互联网+政务服务”建设起着重要的作用，要求保障公众参与政府网站的监督控制。

③ 对我国政务信息建设发展阶段的研究，其发展过程以“金”字工程为起步阶段，以金桥、金卡、金关工程为推进阶段，以政府上网工程为发展阶段，以一站两网四库十二金工程为高速发展阶段。

④ 一些专家从政务服务方式、责任监督以及应急管理等机制方面去研究，面向用户需求的研究主要集中在电子商务推荐应用方面。

“互联网+政务服务”不同于传统的电子服务，它融合了互联网技术、思维和理念，创新了网上政务服务模式，并利用公众与政务服务平台的互动促进政府行政体制改革，使政府可随着“互联网+”环境的变化而相应地调整信息服务，加速现代政务网络化建设。“互联网+政务服务”信息资源整合需要统一信息服务的标准与规范，提供聚类导航个性化信息服务；完善政府服务的顶层设计，面向用户开放公共数据资源，建立信息资源开放共享机制，并且鼓励公众积极利用公共服务资源；面向用户需求整合政务信息资源，将大量涉及民生的公共服务集中在政务服务平台上，利用“互联网+”的共享性和融合性特点创新“互联网+政务”信息服务。目前我国互联网发展水平仅次于美国，然而“互联网+政务服务”没有充分利用互联网的发展优势，其发展则相对滞后很多，发展指数在世界排第 45 位。

2.1.3 “互联网+政务服务”信息建设现状

根据联合国教科文组织的调查，世界范围内 90%的国家都在不同程度上推动“互联网+政务服务”建设并将其列为国家级的重要事项。我国“互联网+政务服务”建设起步较晚，但近年来发展迅速。目前我国电子政府建设已经进入了“互联网+”时代，信息化技术与我国政务建设相结合。随着政府重塑、服务型政府建设的开展，“互联网+政务服务”对社会发展产生了更全面更深入的影响。2016 年《国务院关于印发政务信息资源共享管理暂行办法的通知》的发布，为规范国家政务信息化建设管理，推动政务信息系统跨部门跨层级互联互通、信息共享和业务协同，强化政务信息系统应用绩效考核提供了政策基础。《中华人民共和国国民经济和社会发展第十四个五年规划和2035年远景目标纲要》指出要加快数字化发展，建设数字中国，迎接数字时代，激活数据要素潜能，推进网络强国建设，加快建设数字经济、数字社会、数字政府，以数字化转型整体驱动生产方式、生活方式和治理方式变革。在建设数字中国的过程中“互联网+政务服务”也在不断建设中。但在建设过程中存在不少问题，本书将我国“互联网+政务服务”与日本“互联网+政务服务”进行比较，从立法规划情况、政府门户网站建设以及信息安全体系建设这三个方面进行分析，得出启示并做出改进。

2.1.3.1 我国“互联网+政务服务”信息建设现状

（1）数字政府建设逐步加快

数字政府是数字中国建设体系的有机组成部分，作为新时期“互联网+政务服务”发展的更高级目标，其是发展数字经济和建设数字社会的基础性和先导性工程，更是再创营商环境新优势的重要抓手和重要引擎。因此各地区、各部门高度重视数字政府建设并成立了数字政府建设领导小组，根据国家发布的数字政府建设标准，明确数字政府建设中的难点和重点，对于难点一一攻克，对于重点一一推进，分阶段分步骤进行数字政府建设，从而推动政府治理向数字化时代靠拢，提高政府治理的质量。

（2）网上政务服务能力和水平持续提升

2019年5月，国家政务服务平台上线试运行，联通32个地区和46个国务院部门，标志着以国家政务服务平台为总枢纽的全国一体化政务服务平台初步建成。全国一体化政务服务平台将地区、部门和层级之间相互连接，为其线上业务办理提供了保障，全面提升了网上政务服务能力和水平。政务服务平台建设使得企业和群众足不出户就能在线上处理政务，既方便了企业和群众，又体现出网上政务服务的可行性。同时，政务服务平台创新了服务方式，逐渐成为企业和群众办事的主要渠道。

（3）政务信息资源开发利用深入推进

随着全国一体化政务服务平台的运行，政务信息资源开发利用也取得了突破性进展，政务信息整合共享工作基本实现了“网络通、数据通”的阶段性目标。同时全国一体化数据共享交换平台建成，一体化的数据共享响应机制日趋完善。各地区在逐步推进数字政府建设的同时，政务信息资源也在有效开放，开放数据的规模也在进一步拓展。政务信息资源开发利用的深入推进使得一体化进程加快，从而推动“互联网+政务服务”的发展。

（4）“互联网+政务服务”信息资源的利用率较低，用户参与意识不强

虽然现在“互联网+政务服务”发展取得了许多进步，各级政府、部门几乎都拥有自己的政府网站，但是用户对这些网站的访问利用率不高。这些信息与服务相对比较单一，而且更新较慢，用户参与意识不强。同时许多用户喜欢通过传统的媒介方式获取政务信息，例如报纸、电视、企业互联网门户网站等，不习惯通过政府网站了解有关政策以及政府动态等信息。此外，有些政务服务平台提供的政务信息内容缺乏多样性，不能满足公众日益增长的专门化和垂直化需求，激化了政务网站无序、杂乱的海量信息与用户个性化需求之间的矛盾。与此同时，政府对公众的多元化需求缺乏充分了解，这些导致公众对“互联网+政务服务”的参与意识不强，不倾向于采纳政务信息服务。为了改变这种状况，政府职能要由“管理型”向“服务型”转变，需要从管理制度、手段、方法等方面进行根本性变革，以适应公众不断变化的需求。

（5）信息服务缺乏个性化，不能满足用户需求

“互联网+政务服务”发展的目的就是为了满足用户个性化需求，提高用户满意度，但是政府在提供政务信息服务的时候没有考虑用户对象的层次性，以及用户需求的差别性和复杂性，并且很多政府网站信息服务的深度不够，信息发布仅仅是从静态到单项交互的层次，在线处理政务业务能力以及与用户的交互性很低，导致用户不倾向于使用政务信息服务。在政府网站定制方面，无论在风格上还是框架上都非常相似，没有面向不同用户群体而展现不同的风格和形式；在网站信息的搜索方面，很多网站信息不是按照主题方式来展现，而是按照信息类别来设置，例如“政务动态”“政策法规”“公告公示”等。用户很难判别自己所需要的信息在哪个类别下面，甚至用户所需求的信息可能分散在不同的栏目里面，这样就增加了信息的搜索难度。随着互联网大数据时代的到来，海量的数据快速增长，政务数据的无序性使得用户很难在较短的时间内找到所需要的信息，这种无序性与用户需求的特殊性产生了矛盾，既浪费了用户搜寻信息的时间，又造成信息资源的巨大浪费，降低了政务信息服务质量，导致用户对“互联网+政务”信息服务的体验不佳。用户对政府网站信息浏览量、关注度与热门电子商务网站相差甚远。

（6）政务信息建设存在“数字鸿沟”和“信息孤岛”问题

“互联网+”时代背景下，由于教育、种族、地域的不同，一些地区拥有丰富的信息资源，获取信息资源也非常容易，也有一些地区比较落后，信息资源非常贫乏，同时获取信息资源非常困难，这种差距就叫作“数字鸿沟”或者“信息鸿沟”。“数字鸿沟”问题成为“互联网+政务服务”实施的巨大障碍，越来越影响“互联网+政务服务”的有效采纳乃至整体的协调发展。如何减小“数字鸿沟”，为公众使提供更好的网络政务服务是亟待解决的问题。

2.1.3.2 日本“互联网+政务服务”信息建设现状

（1）信息安全体系建设较完善

一个完整的信息安全运行周期包括制定、引入、运用、评价、修正几个环节。日本的信息安全体系由国家信息安全中心负责制定相应的信息安全标准、规则及实施步骤，然后由各个部门根据标准具体实施，各个部门还根据自己的执行情况，每年都以报告的形式向国家信息安全中心进行反馈，接着国家信息安全中心根据提交上来的报告进行总结评价，对做得好的地方给予肯定及优化，对于存在的问题和不足进行修改并提出解决措施，以便各个部门改正自己的错误，向优秀的部门学习。通过报告、监测、修订的连续应用，不断地进行周期循环，各个部门的信息安全状况以及整个国家的信息安全体系都在不断完善，而且有了质的提高。

（2）政府门户网站建设较全面

政府信息作为一种国家战略资源，其信息公开与开发利用，不仅为政府本身的信息资源优化提供了良好的基础，更满足了用户对即时信息的利用需求，从而有助于构建和谐社会。在政府门户网站建设方面，日本为了方便公众获得他们所需要的政府信息和数据，设置了舆论调查和都政监察等板块。这些板块的设置可以帮助公众搜索当前政府关注的课题以及相应的计划、重要会议和政府工作的最新进展情况等内容。各项行政活动的透明公开不仅加强了公众对政府门户网站建设的信心，而且为政府信息公开营造了良好的环境基础。

（3）公众参与互动形式较丰富

用户通过网络参与话题的互动，发表个人的观点和看法，对当前话题或言论进行驳斥或是表明支持，这不仅有助于使公众积极参与到政府网站的建设当中来，更能引导用户进行讨论，使当前话题释放出更大的正能量。同时随着大数据时代的到来，各种新媒体的出现，日本受此影响，开通了 Twitter、Facebook、Line 等社交媒体，并将其图标设置在门户网站，使得公众参与互动的形式更加多样化。

2.1.3.3 中日“互联网+政务服务”信息建设的比较

（1）立法规划情况

我国关于“互联网+政务服务”的立法在信息规范、信息安全、行业规范等方面都有涉及，但是立法层次不高，也没有一项专门规定“互联网+政务服务”的法律。2004 年电子签名法的颁布明确了电子签名的法律效力，也在“互联网+政务服务”领域中通过法律的形式承认电子签名的有效性。2006 年的《国家电子政务总体框架》对我国“互联网+政务服务”的未来发展指明了方向和奠定了建设基础。尤其是从十八大以来，我国先后出台了一系列指导意见和通知，切实推动了各地“互联网+政务服务”的建设。比如 2018 年国务院办公厅关于印发《进一步深化“互联网+政务服务”推进政务服务“一网、一门、一次”改革实施方案》，提出深化“放管服”改革、进一步推进“互联网+政务服务”的目标，强调要加快构建全国一体化网上政务服务体系。2019 年《中华人民共和国政府信息公开条例》对于公开主体和范围、政府公开信息的标准以及监督和保障都作出了明确规定，有利于提升政府信息公开的可行性。

日本“互联网+政务服务”的建设是从 1993 年制定《行政资讯推进共同事项行动计划》开始的，随后提出了“e-Japan”战略、“u-Japan”战略和 IT 新改革战略，再到 2009 年提出的“i-Japan”战略，其核心思想是到 2015 年在数字技术发展的基础上推进“新的行政改革”，在国民利用因特网的便利性方面取得飞跃性发展，实现行政事务的简素化，标准化和行政的公开化。另外日本于 2013 年颁布的《用于办理行政手续的特定个人识别编号使用法》规定，通过个人编号进行所得信息、纳税、保险费缴费信息的管理，以实现税金、保险征收的效率化，年金及医疗等社会保险相关费用发放的合理化及各种申请手续的简化。同时《电子签名与认证服务法》的颁布进一步推动了“互联网+政务服务”的发展。近几年来日本的法规建设都集中在与安全、隐私权和网络犯罪有关的问题上，为信息安全提供了法律保障。

虽然我国“互联网+政务服务”建设一直受到党中央的高度重视，也出台了不少文件，但是这些文件都只是在解决技术方面的问题，立法层次相对较低，同时对于政务本身没有明确的规定，另外在个人信息和隐私保护等方面也没有得到充分体现。

（2）政府门户网站

截至 2020 年 12 月，我国共有政府网站 14444 个，主要包括政府门户网站和部门网站。其中，中国政府网 1 个，国务院部门及其内设、垂直管理机构共有政府网站 894 个；省级及以下行政单位共有政府网站 13549 个，分布在我国 31 个省（自治区、直辖市）和新疆生产建设兵团。全国一体化政务服务平台主要栏目有专题服务、国务院部门服务、地方政府服务和公共服务。其中还有各个部门和各个地区的链接，比较全面完善。另外还有一些主流媒体的链接，有利于公众参与信息公开。同时还有无障碍浏览模式，给残疾群体和老年群体提供了方便。

日本政府门户网站的内容主要包括最新情报信息、预防灾害情报、信息公开窗口、标题揭示及导航、每周话题、常用问答与咨询服务热线、用户意见征集等栏目，另外为了方便不同国家的公众使用网站，网站还提供多语言网页浏览设置，还可以拥有无障碍信息浏览和获取，便于残疾群体和老年群体使用。同时在页面上还有各种社交媒体的链接，有利于公众利用众多社交媒体参与政务。

我国政务服务平台还处于试运行的阶段，没有设置多语言网页浏览，不便于外国公众使用网站了解我国具体情况，还缺乏丰富的交流沟通手段，公众反馈信息缺乏必要渠道。另外网站对于隐私保护不能保证，影响了公众的信任度。

（3）信息安全情况

据国家互联网应急中心监测显示，2020 年我国境内被篡改政府网站为 1030 个，比 2019 年增长 30.9%，国家信息安全漏洞共享平台收集整理信息系统安全漏洞 20721 个，较 2019 年同期增长 28%，其中高危漏洞 7422 个，较 2019 年同期增长 52.2%。根据上述数据显示，我国信息安全问题依旧严峻。

日本实施的是“保障型”信息安全战略，强调“信息安全保障是日本综合保障体系的核心”。这一战略体系在日本早期实行的“e-Japan”战略、“u-Japan”战略和“i-Japan”战略三个战略中都有体现。日本政府希望借助信息化战略的推进带动整个国家信息基础设施、IT 人才、IT 技术的全面发展，在确保国家信息安全的基础上将信息化渗透到社会的每个角落，从而带动整个社会的经济发展。

实践证明，日本“保障型”信息安全战略在推动日本国家信息化进程中起到了不可磨灭的作用。同时日本有一套较完善的信息安全体系，由国家信息安全中心负责制定政策和发现问题，提出解决方法，各个部门执行并反馈。

虽然我国在监测信息安全方面取得了一定的成效，但是由于公众在数字签名、身份认证、网络信息安全等方面的认识还不够，对国外部分技术存在依赖以及在政务信息化的建设中普遍存在对系统安全缺乏重视、安全设施投入不足、管理不到位等问题，导致了更多信息安全漏洞的出现。

2.1.3.4 日本“互联网+政务服务”建设的启示

（1）完善法律法规建设，推进“互联网+政务服务”制度化

“互联网+政务服务”制度化的过程中，最重要的是要制定出适合我国国情的“互联网+政务服务”法律体系，以法律法规来明确“互联网+政务服务”建设和执行标准，进而推动“互联网+政务服务”合法化发展。首先需要了解目前我国“互联网+政务服务”的发展情况和未来发展趋势，对现有法律内容进行整合分析，明确其中已有的和缺失的，对已有的部分进行完善，对缺失的部分要加快制定。其次政府也应重视相关法律的建设和加强法律宣传，积极响应国家政策，紧跟大数据时代步伐并结合电子信息化发展趋势，重视“互联网+政务服务”发展过程中的信息安全及网络安全问题。最后要加强对专业人才的培训，站在国家的层面制定相应的政策，并对其充分落实。教育文件中也应该加入这一项培养规定，政府在其中也要加强引导，降低信息安全风险。针对“互联网+政务服务”的从业人员，也要加强认证和培训，并对在岗人员进行强制检测，这些工作对于未来“互联网+政务服务”的健康发展都有重要的意义。有了完善的法律体系，才能推进“互联网+政务服务”制度化，才能为公众使用“互联网+政务服务”提供法律保障，才能有效促进数字中国建设。

（2）加强政府网站建设，推进“互联网+政务服务”便民化

政府网站的建设不仅是政府信息公开的平台，也是群众获得政府信息的渠道和政民互动的平台。良好的政民互动对于提高公众对政府的信任以及政府树立服务型政府具有重要意义。因此在政府网站的建设中应注意：

① 设置丰富的栏目，比如与群众相关的衣食住行以及企业招聘等信息；

② 搜索便捷，操作简便，不要让群众摸不透网站内容到底在哪里，应该有

条理地分类检索，避免重复操作；

③ 应设置多语言切换功能，方便和其他国家交流；

④ 加强与其他网站的互连性，美国“第一政府”门户网站几乎可以查到所有地方政府网站的链接，而我国在“政网导航”栏目中虽提供各省市地区链接，但覆盖程度不够深入；

⑤ 加强互动，为群众提供多种参与政务的渠道，比如微博、微信、抖音等新兴媒体；

⑥ 网站设计应简洁美观，要让公众对于网站提供的信息有一目了然的感受。

政府网站的建设需要各部门的共同努力以及公众的反馈和建议。总而言之，加强政府网站建设的目的是为了提高群众获取政府信息的便捷程度，从而促进“互联网+政务服务”的便民化。

（3）加快信息安全建设，推进“互联网+政务服务”可信化

大数据时代最令人担心的问题不是技术层面的问题，而是信息安全问题。信息安全关系着我们生活的方方面面，一旦泄露将会造成不可估量的损失。因此在“互联网+政务服务”的发展过程中，信息安全是需要解决的首要问题，如果信息安全问题得不到有效控制，就会导致政府信息以及群众信息被窃取用作不合法的事情，也就会摧毁群众对政府的信任，政府决策也就不能很好地执行，社会出现动荡。维护信息安全，首先要维护网络安全。网络安全问题的一个明显特征就是跨国性，维护网络安全不仅仅是某一个国家的责任，必须通过世界范围内的协调与配合才能解决。因此我国在“互联网+政务服务”安全领域既要做到自主可控，又要坚持开放合作，通过积极参与国际组织和加强与别国的合作，不断增加我国在世界网络安全领域话语权，积极宣传我国安全主张，凝聚国际共识，通过国际合作共同应对世界网络信息安全新形势，才能在国际互联网安全领域占有一席之地。其次要加强信息安全的宣传工作，提高群众的信息安全意识，营造一个信息安全环境，为“互联网+政务”信息安全奠定基础。最后要加强政府人员的信息安全培训和教育，让他们知道信息安全的重要性，同时要不断完善信息技术人员的专业知识以及提高其创新能力，以应对更艰巨的信息安全问题。

“互联网+政务服务”建设对于提高网上政务服务能力和水平具有重要意义，对于政务信息资源开发共享具有重要意义，对于建设数字政府具有重要意义。本书通过和日本“互联网+政务服务”的比较，指出了我国“互联网+政务服务”

在立法、政府门户网站建设和信息安全存在的问题，并根据日本“互联网+政务服务”建设中的优点，提出了相应的解决措施，以期为我国“互联网+政务服务”发展提供参考，促进“互联网+政务服务”的制度化、便民化和可信化。

2.2
政务信息资源聚类分析

2.2.1 信息资源整合聚类分析技术

“互联网+政务服务”建设的目的是把握用户需求的个性化，协调信息资源的传递和用户需求的一致性。本节首先利用聚类分析技术对用户兴趣聚类算法进行研究，然后对用户个性化政务信息需求进行分析。

（1）自动聚类算法的相关技术

聚类分析技术运用在很多领域，包括数学、计算机科学、统计学、生物学和经济学等领域。聚类分析的概念是指将数据对象的集合分组为类似的多个类，本实证中聚类分析的目标就是对收集的数据进行分类，描述样本数据源之间的相似性，以及把数据源分类到不同的簇中。聚类分析算法中层次聚类和划分聚类是最常用的聚类算法。在层次聚类中，每一个观测数据自成一类，这些类每次两两合并，直到所有的类被聚成一类为止。本实证研究运用层次聚类法对样本数据进行分析，定量地描述用户访问安徽省人民政府网站的兴趣。

（2）用户兴趣聚类算法

由于本实证样本数量不算太大，并且需要对用户兴趣聚类之后的结果进行直观统计，因此采用层次聚类法对收集的样本数据进行分析，这种算法是对变量或记录进行聚类，得到不同粒度上的多层聚类结构，其算法过程如下。

① 两个类 c_i, c_j 之间的最小距离，通过数据点 p, p' 间最短距离来表示：

$$d_{\min}(c_i, c_j) = \min_{p \subset c_i, p' \subset c_j} |p - p'|$$

② 两个类 c_i, c_j 之间的最大距离，通过数据点 p, p' 间最长距离表示：

$$d_{\max}(c_i, c_j) = \max_{p \subset c_i,\ p' \subset c_j} |p - p'|$$

③ 平均值的距离：

$$d_{\text{mean}}(c_i, c_j) = | m_i - m_j |$$

④ 各个数据点之间距离的平均表示 c_i, c_j 类间的平均距离：

$$d_{\text{avg}}(c_i, c_j) = \frac{1}{n_i n_j} \sum_{\substack{p \subset c_i \\ p' \subset c_j}} | p - p' |$$

式中，m_i 为簇 c_i 的平均值；n_i 为簇 c_i 中对象的数目；$| p - p' |$ 为对象 p 和 p' 之间的距离。

（3）基于聚类技术的用户个性化需求分析

基于兴趣聚类技术分析用户个性化需求，其影响因素通常包括相对不可控因素和相对可控因素。相对不可控因素一般有个体因素、兴趣爱好、教育背景、职业情况、环境因素等；相对可控因素一般有网站标题目录、主题导航、布局结构、政务信息、政务服务等。首先了解这些影响因素，然后通过聚类技术分析用户政务信息需求特征和用户的行为特征，根据用户的年龄、性别、职业等自然属性，以及用户使用习惯、行为特征、兴趣偏好等特点进行分类，提供基于用户兴趣聚类的“互联网+政务”信息服务。此外，还可以通过用户在一段时间内访问网站的行为特点，分析用户获取信息的行为途径、习惯爱好等特征，从而了解用户潜在的信息需求，并且对这种潜在需求及时响应，让服务平台或者站点主动推送具有针对性的个性化信息服务，包括个性化导航、栏目推送和热点信息推送等方式。这样能够增加政府与公众之间的互动性，一方面使得政务信息资源能够被有效利用，另一方面使得用户很容易搜索到所需要的信息。

2.2.2 政务信息资源聚类分析实证

本实证分析主要采用定量研究和调查问卷法，根据安徽省人民政府网站的目录主题进行问卷设计，首先调查不同年龄用户访问网站信息目录的兴趣；然后收集、整理用户数据；最后借助于数据分析软件 SPSS17.0 对样本数据进行兴趣聚类统计分析。本次调查对象是安徽地区高校大学生及教师、公司职员、公务员等在职人员。

2.2.2.1 用户数据的收集

本书研究针对安徽地区经常访问“互联网+政务服务”网站的中年、青年网民展开调查，包括教师、公务员、公司职员、个体经营户、学生等不同用户群体。数据收集方式主要采用纸质问卷发放、网络采集数据的方法，同时也结合访谈所得的公众访问兴趣、采纳意见，将理论研究和实证对象研究进行有机结合。调查用户访问政务网站主题目录的兴趣，以及调查用户采纳政务服务网站的影响因素。

此次调查问卷共计发放 720 份，最终回收有效问卷 680 份（剔除无效问卷 40 份），有效回收率约为 94.4%。无效问卷产生的主要原因是问卷缺失的答案比较多，不符合数据分析的要求，或者问卷的答案存在明显的逻辑错误。利用 SPSS 工具对收集到的数据样本进行整理分类，问卷调查分布如表 2.1 所示。

表 2.1　问卷调查分布表

项目	分类	人数/人	比例/%
年龄	青年（18~40 岁）	354	52
	中年（41~60 岁）	326	48
性别	男性	374	55
	女性	306	45
职业	公职人员	102	15
	企业职工	238	35
	个体经营户	204	30
	其他	136	20

此次问卷内容根据安徽省人民政府网站的目录进行设计，如表 2.2 所示。

表 2.2　安徽省人民政府网站信息公开目录

编号	项目	项目内容
N1	政务动态信息	政务快报，新闻发布，重要活动
N2	政府职能机构	政府机构设置，政府领导，人事任免，直属事业单位
N3	政策法规文件	公示公告，行政规章，政府文件，政策解读
N4	社会经济发展	经济和社会发展规划，专项规划，五年规划，区域规划，相关政策
N5	公共服务信息	价格与收费，高校信息，科技管理，医疗卫生，就业信息，社会保障
N6	公共资源配置	征地信息，国有土地上房屋征收与补偿，矿业权出让，保障性住房，政府采购，工程建设项目
N7	政府公报	国务院文件，省政府文件，省政府令，厅局文件，工作报告
N8	财政资金信息	年度财政预算，年度财政决算，“三公”经费情况

续表

编号	项目	项目内容
N9	公共监管信息	环境保护，安全生产，国企财务，食品药品安全，信用信息
N10	应急管理	应急动态，应急法规，应急预案，应急常识，预警信息

针对表 2.2 设计的 10 个目录主题词，本书在问卷设计过程中采用 5 级评分方式："1" 表示没有兴趣，"2" 表示不关注，"3" 表示有点兴趣，"4" 表示感兴趣，"5" 表示很感兴趣。问卷的主题因素已经通过信度与效度的检测，可靠性良好，适合做聚类分析。

2.2.2.2 用户兴趣的聚类

本实例通过问卷调查不同年龄层次用户对"互联网+政务服务"信息的兴趣，借助分析软件 SPSS 工具对用户兴趣数据进行分析聚类，分析均值、极大值、极小值、标准差等统计数据，从而得出青年、中年用户层次聚类的描述统计结果，如表 2.3 所示。

表 2.3 不同年龄用户层次聚类结果的描述统计

年龄		政务动态信息	政府职能机构	政策法规文件	社会经济发展	公共服务信息	公共资源配置	政府公报	财政资金信息	公共监管信息	应急管理
青年	N[①]	321	321	321	321	321	321	321	321	321	321
	极小值	2	1	1	2	3	3	1	2	2	3
	极大值	5	2	3	4	5	5	2	3	5	5
	均值	3.00	1.40	2.10	3.00	4.50	4.15	1.22	2.40	3.79	4.45
	标准差	0.744	0.492	0.862	0.808	0.638	0.848	0.414	0.490	0.525	0.636
中年	N[①]	289	289	289	289	289	289	289	289	289	289
	极小值	2	1	1	2	3	4	1	1	2	3
	极大值	5	2	3	4	5	5	2	3	5	5
	均值	3.11	1.35	2.10	2.91	4.60	4.55	1.21	2.30	3.98	3.98
	标准差	0.856	0.478	0.877	0.822	0.638	0.498	0.406	0.536	0.603	0.629
总计	N[①]	610	610	610	610	610	610	610	610	610	610
	极小值	2	1	1	2	3	3	1	1	2	3
	极大值	5	2	3	4	5	5	2	3	5	5
	均值	3.06	1.38	2.10	2.95	4.55	4.34	1.21	2.35	3.88	4.23
	标准差	0.800	0.485	0.868	0.815	0.640	0.732	0.410	0.514	0.571	0.675

① N 表示样本数。

根据表 2.3 不同年龄层次的聚类结果，可以将青年用户对公开信息的兴趣由强到弱归纳为五类。第一类：公共服务信息、应急管理。第二类：公共资源配置、公共监管信息。第三类：政务动态信息、社会经济发展。第四类：政策法规文件、财政资金信息。第五类：政府职能机构信息、政府公报。同时，中年用户对公开信息的兴趣也归纳为五类。第一类：公共服务信息、公共资源配置。第二类：应急管理、公共监管信息。第三类：政务动态信息、社会经济发展。第四类：政策法规文件、财政资金信息。第五类：政府职能机构信息、政府公报。

通过对不同年龄用户兴趣聚类的平均值和标准差进行分析发现，青年、中年用户对信息服务的需求存在差别，如图 2.1 所示，青年用户最感兴趣的是公共服务信息和应急管理，中年用户最感兴趣的是公共服务信息和公共资源配置。进一步分析不同年龄层次用户对信息服务的需求，发现其具备一定共性特征，例如，无论多大年龄的受访人员对公共服务信息都非常感兴趣，而对政府职能机构、政府公报不太感兴趣。政府在提供政务信息服务的时候，要针对不同层次用户的需求特征整合政务信息资源，提高公共服务水平。

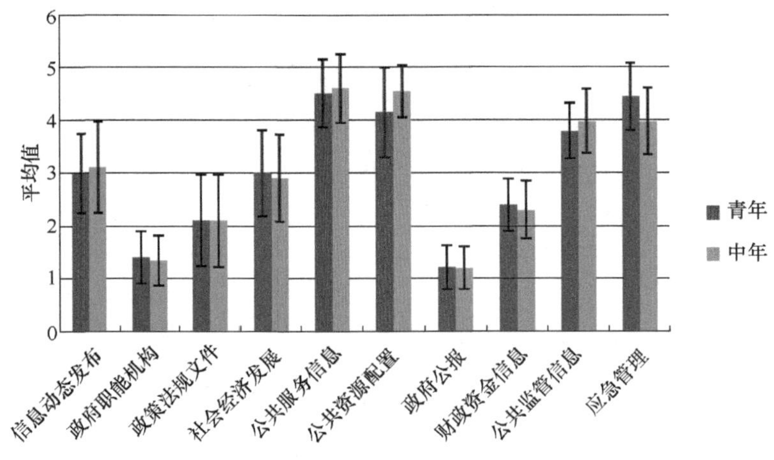

图 2.1　青年、中年兴趣聚类平均值分析

2.2.3　面向用户需求的信息资源聚类结果分析

以上实例是以安徽省人民政府网站为研究对象，对青年、中年不同年龄的用户访问信息网站的兴趣进行聚类分析，可以把安徽省人民政府网站的信息服务分为五个类别。

第一类：用户最感兴趣的政务信息是公共服务信息（价格与收费、高校信息、就业信息、医疗卫生、社会保障等）和公共资源配置信息（征地信息、国有土地上房屋征收与补偿、矿业权出让、保障性住房、政府采购、工程建设项目）。政府在提供服务的时候可以根据不同群体的兴趣特点而提供相应的个性化政务信息服务，例如针对个人用户推荐公共服务信息、应急管理、就业指南、教育信息、户籍管理、社会保障、医疗卫生等服务项目；针对企业、社团推荐公共资源配置方面矿业权出让、政府采购、工程建设项目等信息内容。

第二类：用户比较感兴趣的政务信息是公共监管信息（环境保护、安全生产、国企财务、食品药品安全、信用信息）和应急管理（应急法规、应急预案、应急动态、预警信息、应急常识）。在应急管理方面，通过“互联网+”政务信息服务技术提供多种服务手段，建立以政府门户网站为主导，以移动“互联网+政务”、政府呼叫中心、微信等作为辅助的多种服务手段，实时更新预警信息，面向用户需求提供及时的应急动态信息和应急常识等内容。

第三类：用户一般感兴趣的政务信息是政务信息动态（政务快报、新闻发布、重要活动）和社会经济发展（经济和社会发展规划、专项规划、五年规划、区域规划、相关政策）。依据用户类型及其需求差异，在提供政务信息服务时，依据简单实用、操作便利和省时快捷的原则，设置聚类导航一站式服务以及用户个性化服务通道，面向不同用户类型提供相应领域的服务项目。

第四类：用户不太感兴趣的政务信息是财政资金信息（年度财政预算、年度财政决算、“三公”经费情况）和政策法规文件信息（公示公告、政府文件、行政规章、政策解读）。政府提供信息服务的同时需要密切关注用户需求的变化和发展趋势，有针对性地改进信息服务方式，提高服务水平。

第五类：用户不感兴趣的政务信息是政府职能机构（政府机构设置、政府领导、人事任免、直属事业单位）和政府公报（国务院文件、省政府文件、省政府令、厅局文件、工作报告）。政府需要定时开展政务服务水平评估，不但需要加强与用户的互动交流，而且还需要建立用户信息反馈机制，根据用户的合理建议及时优化各项信息服务建设。

2.2.4 面向用户需求整合“互联网+政务服务”信息建设

“互联网+政务服务”的核心在于“互联网+”思维和理念，其精髓是以用户需求为中心。“互联网+”商务运营成功的关键性因素是为用户提供个性化和智能化的服务与产品，其中以阿里巴巴、百度、腾讯为代表的互联网企业获得了良好的用户体验与社会反响，用户对于互联网与信息化有了更全面的了解。用户通过“互联网+”商务的交互体验，对于“互联网+政务服务”也有了新的需求。“互联网+政务服务”需要不断适应互联网发展的新进展和新特点，提供面向用户需求的“互联网+政务服务”。

通过以上用户兴趣聚类结果分析，笔者主张面向用户需求，优化、整合“互联网+政务服务”平台的信息资源。整合过程中采用“互联网+”驱动技术，建立服务平台统一的标准与规范，重视“互联网+政务服务”平台的易用性和有用性。同时重视用户的需求因素，根据用户对象、信息服务主题、政务业务流程以及信息服务逻辑层进行“互联网+政务服务”信息资源整合，满足用户的不同需求，从而提高“互联网+政务服务”信息资源的使用效率和公众采纳率。

2.2.4.1 根据服务主题和用户对象进行整合

（1）依据服务主题进行信息整合

通过以上用户兴趣聚类主题实例的分析，根据用户常用主题进行信息资源整合，这样用户非常容易检索到自己所需要的政务信息；并且针对用户最感兴趣的公共服务主题，可采用聚类栏目导航一站式服务方式，开设用户个性化服务入口，面向不同类型用户类提供相应领域的服务项目。“互联网+政务”服务平台通过整理“互联网+政务”站点现有的主题目录，可以向不同用户对象提供相应信息，用户根据需求访问相关站点链接，进行栏目阅读获取所需的信息内容。

通过实例分析了解不同群体对服务主题的兴趣特点，从而推荐用户个性化服务，例如针对大众用户推荐社会保障、医疗卫生、就业指南等服务项目；针对企业和社团推荐征地信息、房屋征收与补偿、保障性住房和工程建设等项目。同时将电子商务中大数据推荐技术应用到“互联网+政务服务”信息资源整合中，提供面向用户需求的“互联网+政务”信息服务。例如，当用户在京东或者淘宝站点浏览过某一商品后，就会发现相关产品信息的推送服务，这是电子商务站点从用户点击某个产品的记录发现用户的潜在需求，从而对产品信息服务进行定制和优化重组，向用户推送相关服务。政府门户网站需要借鉴电子商务网站，主动获取用户访问页面的行为习惯。针对用户访问信息和关注的内容，例如孩子上学问题、住房问题、食品卫生问题、社会保障问题等，发现用户潜在信息需求，从而对政务信息服务进行定制和优化重组，向用户主动推送相关信息服务。

（2）依据服务对象进行信息整合

在互联网大数据时代，公众希望获得更有效率、更高质量的公共服务，因此，需要通过服务对象进行信息资源整合，利用聚类分析技术向公众提供专业化、个性化的政务信息服务，更好地满足公众日益专门化和垂直化的需求。以用户对象不同层次需求为基础整合“互联网+政务服务”信息资源，依据用户年龄、性别、职业等个体特征组织用户服务资源，体现用户个性化服务特点；纵向跟踪服务对象，依据公众从出生到终老的生命周期进行政务信息资源设置，围绕与公众息息相关的文档访问、表格申请、在线咨询以及在线提交等日常业务进行信息资源的深度整合，方便用户使用政务信息服务。同时，应该根据不同用户的特殊情况，实现个性化服务。从用户满意和提高政务服务效率的角度出发，整合不同政府部门和机构的数据资源，建立政务服务标准规范化体系，加强政务网站与不同用户对象的交流和一站式服务平台建设，消除行政部门之间的“数字鸿沟”，形成协同政务服务。在此基础上，政务服务还可以与互联网企业联手，开展与阿里巴巴、百度、腾讯等企业的合作，依托支付宝、微信等平台的商业服务，拓展服务手段，拓宽服务范围。

2.2.4.2　根据政务业务流程进行资源整合

依托政务业务流程进行信息资源整合，利用“互联网+”信息技术，把异地异构的各种政务业务以统一而有序的方式进行整合，将各种可上网进行的政务业务集成到政务服务平台，包括政务应用、政策支持、行政办公、证件审批、应急管理等。整合的目的和意义在于有效使用信息资源，创造整体效应。

在整合方式上，根据政府组织结构和运行方式进行纵向和横向信息资源整合。纵向信息资源整合是指不同级别的职能部门之间从上级到下级、中央到地方的信息资源整合。政府通过纵向整合将现有结构不一致、无序、冗余的海量数据整合成有序、有规律的集成数据，同时将不同部门之间众多业务流程纳入统一管理，从而有效管理上、下级部门现有信息资源，提高信息服务的时效性和全面性。纵向资源整合要尽可能减少外界干扰，实现不同级别部门之间业务的标准化、规范化和流程化，突破信息资源壁垒，形成跨区域跨部门的信息资源的互联互通、开放共享，提高“互联网+政务”信息服务的效率。横向资源整合是指同级别的职能部门之间的信息资源整合，其目的在于突破部门之间各自为政的管理模式，以协作方式进行政务信息资源的高效管理，整合不同部门之间的信息内容，扩大“互联网+政务”信息服务的范围，避免信息数据的重复和结构的不一致性等问题，保障信息服务的针对性、准确性、权威性、全面性以及系统性，建立部门与公众之间一站式信息桥梁。政府门户网站通过信息资源的横向整合，将各部门以前的线下业务整合到政务服务平台上，并将传统服务模式转变为跨部门的 O2O 服务模式，使得公众只需登陆一个平台便可进行跨部门的业务办理，大大提高办事效率，减少冗余信息的查询量。

此外，政府通过综合业务服务平台还可以获取大量的公共数据资源，利用“互联网+”先进技术分析数据进而调整、优化政务服务流程，提供高质量的“互联网+政务服务”，促使公众积极主动采纳“互联网+政务服务”。

2.2.4.3 根据信息服务逻辑层进行整合

根据信息服务逻辑层进行资源整合，面向不同层次用户的需求从多个角度提供信息服务。为了协调信息资源的传递和用户认知需求的一致性，把握用户个性化信息需求，根据政务信息服务逻辑层次进行资源整合，把信息服务逻辑层划分为网络基础层、信息资源共享层、信息服务层三个层次，如图 2.2 所示。网络基础层是统一的在线政务信息服务标准体系，该层在资源整合过程中需要遵循统一规划、需求导向和共建共享的原则；可解决不同部门之间的“信息孤岛”和政务信息服务的不对称问题，为实现各级各部门信息互通和资源共享奠定数据基础，建立统一的“互联网+政务”信息服务标准。信息资源共享层是加强建设信息资源整合共享的层次，可利用大数据技术构建涵盖各个部门信息、不断更新的信息平台，可实现各类信息互连互通、资源共享；可构建满足“一号、一窗、一网”的信息共享开放业务，通过统一的公众身份证号及法人代码的实名电子证照，对接教育服务、医疗卫生、社会保险、住房保障、公共安全等民生服务领域的政务信息共享和开放；可支撑各类电子证照的多业务、多部门协同，支撑国家基础信息和惠民业务信息的共享开放。信息服务层是按照用户需求提供“互联网+政务”信息服务的层次，该层在设计中充分考虑“以用户为中心”的思想，首先分析用户角色、层次和服务使用方式，利用兴趣聚类技术对用户需求进行分析，充分满足用户个性化的需求；然后运用“互联网+”思维模式，针对用户感兴趣的民生领域优先开展“互联网+”政务资源的个性化服务；最后建立聚类栏目导航一站式服务模式，以及线上线下相结合的O2O服务模式，全面提升政务服务水平，打造阳光型、智慧型、服务型政府。以上三层建设相互作用、相互支撑，逐步由后台的数据网络基础层向前端的信息服务层转化。

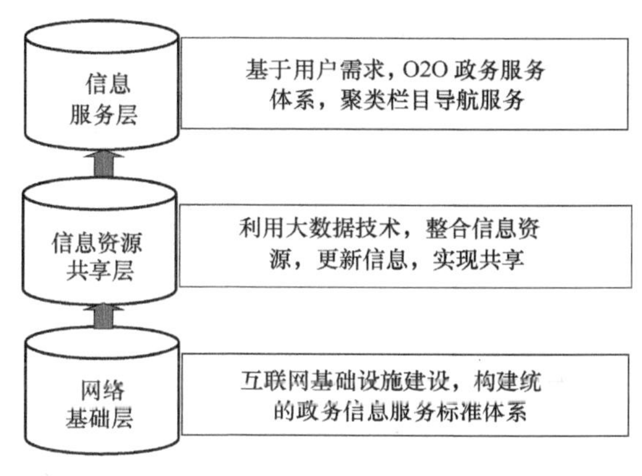

图2.2 “互联网+政务”信息服务逻辑层

“互联网+政务服务”既是政务服务升级的突破口，又是政务服务从管理型向服务型转变的有效路径。“互联网+政务”信息资源服务具有以下几个方面的特点。

①“互联网+政务”信息服务面向公众需求，其服务范围具有广泛性。根据政务服务主题整合医疗、就业、交通、社保、教育、企业办理等领域的相关服务，方便公众使用。

②“互联网+政务”信息服务平台需要提供民生互动交流的渠道，建立多样化的互动栏目，例如市长信箱、民意征集、在线访谈等栏目。

③“互联网+政务”信息资源服务建设需要解决不同部门、区域和行业之间的“信息孤岛”问题，通过“互联网+政务服务”建设将线上与线下业务相结合，创建互联互通的网上办事大厅，逐步实现统一政务平台办理功能。

“互联网+政务服务”信息资源整合的目的是为了增强信息服务平台的应用，也就是为了提高“互联网+政务服务”公众采纳。接下来研究公众采纳“互联网+政务服务”问题，分析影响公众采纳行为的影响因素，不断地完善“互联网+政务服务”平台，实现“互联网+政务服务”价值。

2.3 “互联网+政务服务”信息安全建设

在“互联网+”时代，一些地方政府致力于利用互联网来改善政府工作流程及服务模式，优化政府办公效率。但在推进过程中，特别是随着网络开发应用的逐步深入，政府意识到保障网络安全直接关系到国家安全。2018 年国家互联网信息办公室发布报告显示，我国在网络各个领域遭受的攻击十分严重，各类公私网站被篡改成为常态。网络安全威胁是我国接下来一个时期信息安全面临的巨大挑战。例如，“互联网+政务服务”平台信息在网络传播时，同样会遭受传统意义上的恶意拦截，甚至病毒感染等，由此引发“互联网+政务服务”平台发布延误性、扭曲性的信息，给各级政府带来严重负面影响。因此，政府作为国家信息安全工作的主要责任人，“互联网+政务服务”信息在共享过程中如何保障安全，是当下我国“互联网+政务服务”系统发展面临的重大课题。我国保障信息安全的现有策略在实施过程中暴露出政府信息网络和系统的自我防护能力较发达国家落后。“互联网+政务服务”信息在共享过程中，如若涉及保密的信息遭遇网络攻击而被非法转移、隐蔽甚至篡改，事情的后果则涉及国家安全建设。因此，保证“互联网+政务服务”信息共享安全应从国家的战略角度出发，加强政府信息安全管理顶层设计和制度安排。目前，各级政府在“互联网+政务服务”资源共享的信息安全管理体系建设过程中尚未形成一个完整的框架，已有的个别制度只是单纯强调内部实用性，未能从宏观层次把握事物。

2.3.1 我国“互联网+政务服务”信息安全防范重点

“互联网+政务服务”是目前我国处理政务的重要途径，因此“互联网+政务服务”系统的信息安全关系到国家的安全和稳定，必须要保证“互联网+政务服务”系统中大量机密信息的安全。

（1）外部威胁

互联网技术的发展和进步在给我们的生活和工作带来便利的同时也给一些

投机取巧的不法分子提供了更多机会窃取他人信息，这对于合法用户来说是一种信息安全的威胁，也就是我们说的外部威胁。实际上外部威胁包含了很多方面，例如网络攻击、计算机病毒等，这些外部威胁对于“互联网+政务服务”的信息安全造成了极大的威胁。其中计算机病毒是我们比较熟悉的一种外部威胁，计算机病毒无孔不入，系统一旦被攻击可能会产生严重后果。

目前的政府部门已基本完成了电子信息系统的建设，为各级政府之间的交流提供了便利；但是，在利用虚拟专网技术实现内网系统与互联网的逻辑隔离的同时，也存在着防盗系统安装不完善、信息传输不加密、门户网站防篡改和防DOS能力弱，以及技术手段缺乏等安全隐患。根据360威胁情报中心的数据，中国至少有29372家机构受到美国国家安全局武器库蠕虫病毒的攻击。据保守估计，全国几乎所有地区都有超过30万台终端和服务器受到感染。针对这种情况，中共中央网络安全和信息化委员会办公室副主任赵泽良表示，一些政府部门和高校内部网络还存在很多漏洞，要加强安全防护，做好安全培训，防止内部网络感染。目前看起来，内部网未必安全，很多设备的内部网本身就是一个大系统。若该系统不采取安全措施，一旦被攻击，整个网络都将丢失。另外，黑客还可以通过网络漏洞和网络节点核心故障，利用木马来实现盗取通信。

（2）内部威胁

虽然计算机技术和互联网技术已经在我国普及，但是很多人对于一些高级软件的操作并不熟悉，因此易出现错误操作，可能会对“互联网+政务服务”系统造成严重的损害。这些损害由企业内部发生，因此被称为内部威胁。内部威胁除可能由误操作造成，也可能由一些不可预知也不可避免的自然灾害造成，还有可能是别有用心的人有意而为之。这些内部威胁一般是无法避免的，因此我们需要利用网络的信息安全技术保证信息的安全性，必要时还要做好数据抢救的准备。

从统计结果看，信息安全管理隐患的产生主要集中在人为因素。我国政府70%以上的网络事故都是内部工作人员日常管理中的安全隐患所致。这主要是因为信息安全情报工作还没有被明确地纳入政府评价和工作绩效中，因此，有些员工对各级保密不够重视，也有一些人忽视了执行不同管理规定的重要性，认为在自己觉得安全的计算机上进行处理、储存等信息操作只是一件小事。有些机构和实体不重视保密工作，对相关检查敷衍了事。或者对涉密信息缺乏监控，导致管理部门未能及时发现涉密信息的真实情况，未能及时发现涉密信息管理中存在的隐患。同时，上述措施也在一定程度上增加了木马病毒等恶意入侵计算机系统的可能性，一旦出现漏洞，将造成无法弥补的损失。

（3）信息内容威胁

信息内容威胁主要是一些不知名的网站利用淫秽信息或赌博信息的广告或邮件吸引人们点开，进而对这些用户的信息进行窥探，并依赖这种违法手 段牟利。当然这种威胁一般不会出现在“互联网+政务服务”系统界面中，但是我们还是要对这种信息内容威胁提起足够的重视。

（4）网络自身的威胁

网络自身是十分脆弱的，因此在我们使用网络的过程中也很有可能被有心之人利用网络窥探我们的信息。而且我们在使用一些操作系统或者通信协议的过程中，我们输入或者传输的信息很有可能被窃取或者伪造。这类电子信息安全威胁是“互联网+政务服务”需要重点提起注意的，而且这种威胁带来的后果也更加严重。

（5）其他方面的威胁

除了上述几种威胁，我们也需要对其他威胁进行注意，例如电子信息储存器出现问题而导致信息丢失，现在很多软件也会对我们的信息进行窥探和窃取，因此这些不经意间的电子信息安全威胁也需要进行注意。

2.3.2 “互联网+政务服务”信息安全管理策略

我们了解了目前“互联网+政务服务”所面临的安全问题，通过这些，我们可以了解到电子信息安全技术对于“互联网+政务服务”系统运行的重要性。我们必须不断提高电子信息安全技术以增强电子信息的安全性。为了更好地将电子信息安全技术运用于电子政务中我们需要采取一些有效措施。

（1）服务器安全措施

设置密码是保证服务器安全的首要措施，保证只有用户自身可以使用密码进入服务器。为了提高服务器安全性我们还可以定期更新服务器密码，而且当用户长期不登录服务器之后，系统需要自动退出以保证服务器信息不会泄露。为了避免有些黑客会“试密码”，我们也需要采取锁定密码的策略，当输入不正确密码一定次数之后，对该账户进行一段时间的锁定。为了保证服务器运行过程中的安全性，我们也需要建立服务器实时监控系统。当服务器检测到有违法分子通过非法手段入侵服务器而窃取服务器用户的信息时，就要及时发出警报，服务器就会自行关闭以保证用户信息的安全。除了保证电子信息不被窃取，我们还需要保证信息的完整性，避免信息被恶意破坏。

（2）设立网络管理员的职位

网络管理员的出现就是为了实时对网络安全进行监控，同时也是为了对不同用户的权限进行合理分配。网络管理员的主要职责还包括及时更新服务器系统以保证系统的稳定运行，避免遭受攻击时出现故障导致数据信息受到损害；隐藏用户的登录信息也是网络管理员的工作任务之一，同时还要保证非服务器用户禁止进入网站以防止病毒入侵；还有就是对流入服务器的请求进行分析和筛选，避免不法之徒进入服务器而对服务器造成损害。

（3）数据安全策略

数据是电子信息的基础，因此保障数据安全就是保证电子信息安全，为了保证数据安全我们可以采取以下措施：首先，我们要将这些数据按照一定程度进行分类，并对比较重要或者机密的数据进行加密，放在特殊的储存位置进行有效保护。其次，为了保证数据不会因为设备受损而丢失，我们需要将这些数据进行备份。最后，进行数据分享时需要注意的是在分享结束后及时取消共享。

（4）逐步完善法律保障体系

要有效地提高“互联网+政务服务”的安全性，就必须加强信息安全管理和应用安全技术，但更重要的是要通过法律法规来完善这些安全措施的实施。法律不仅是保障“互联网+政务服务”信息安全的重要防线，而且法律的威慑力可以使有网络犯罪意识者产生畏惧心理，达到惩一儆百的效果。当今，影响信息安全的社会、文化、人际互动、政治事件、政党等因素，往往是通过网络实现的，如果“互联网+政务服务”没有相应的法律法规，没有统一的管理机构，网络秩序一旦受到破坏，就会直接成为现实社会的发展障碍。在此基础上，必须确保信息安全的法律保障体系在以下方面得到完善：保障信息、经济、网络等的安全是信息安全立法的主要目标。为确保消除电脑化的障碍，需要在立法前对传统的立法文本进行修改。安保和发展是相互促进的。所以，保证网络的健康发展，首先要建立健全网络信息安全长效机制，提升网络信息安全工作规范化，推动依法治网。从信息化和“互联网+政务服务”发展的角度出发，立法应切实解决“互联网+政务服务”发展中存在的问题。伴随着社会的发展，行业自律越来越重要。要长期发展，就必须解决“互联网+政务服务”网络所面临的信息安全问题。当今世界，信息技术日新月异，促进信息安全发展的政策法规比被动适应技术更具有可预测性。可借鉴国际技术中立的思想，在政策制定和立法过程中考虑到具体的技术需求，为今后技术的改进和发展创造空间，修改与技术需求不符的法律条款，增加适应性法律对信息社会发展的影响。

（5）制定关键信息基础设施安全保护制度

在2018年的全国网络安全和信息化工作会议上，习近平总书记提出了加强信息基础设施保护、建立网络协调机制、加强网络安全防范意识的网络安全理念。国家基础设施安全防线一旦被跨网入侵（如干扰交通信息指令、窃取金融交易信息、恶意篡改电力调配指令），可能会导致交通中断、金融紊乱、电力瘫痪等问题，具有很大的破坏性和杀伤力，因此需要采取有效措施，对涉及国家安全、国计民生、公共利益的关键信息基础设施实行重点保护，构建有效的安全防护制度。

第一，界定关键信息基础设施边界。根据我国国情，动态调整、界定关键信息基础设施的边界，主要包括政府职能运行、银行与金融、公共健康、应急服务、信息与通信、铁路交通、能源、互联网服务提供商等，合理界定不同部门的信息基础设施边界。

第二，采取保护措施确保信息安全，主要包括信息安全管理体系、关键基础设施或重要信息系统运行和通信管理体系、网络安全事件管理体系等。

第三，构建有效的管理体制。关键信息基础设施保护涉及不同行业、领域，需要充分发挥不同行业主管部门的积极性。同时，网络互联互通的特点决定了需要有高效的顶层协调机制，由此实现政府与社会之间、不同政府部门之间以及跨国执法合作等的统一。根据我国国情进行相应的制度设计，既明确统筹协调部门，又充分发挥不同行业主管部门的作用，形成有效的信息安全治理机制。

2.3.3 结论与建议

近几年，“互联网+政务服务”在我国得到快速发展，目前已汇聚海量数据，为保证政务大数据的安全，国家在该领域的标准化组织建设、标准制订修订等方面已经做了大量的工作。随着社会的不断发展，网络信息技术快速兴起，“互联网+政务服务”应运而生。“互联网+政务服务”的广泛应用，使得政府部门的办公效率得到了极大的提高。政府部门利用先进的网络信息技术，构建了一个精简、透明、高效的政府运作模式，向社会大众提供更为优质、标准、人性化的服务与管理。但信息技术对于当代社会是一把“双刃剑”，“互联网+政务服务”在为政务办公提供便利时，也引发了各种信息安全问题。因此，在利用“互联网+政务服务”的同时防止政府部门的信息外泄，是当前政府亟须解决的重要问题。

目前，国内政务大数据安全标准化工作具备了一定的工作基础，下一步的政务大数据标准化工作应依据国家“互联网+政务服务”发展战略以及相关管理政策对标准化工作提出的要求，首先制定、完善政务大数据安全标准体系，按照“急用先行”的思路，逐步从基础标准、技术标准、管理标准等方面开展标准化工作，为保障政务大数据的安全提供支撑。“互联网+政务服务”信息的安全管理直接关系到行政部门整体的工作效率。因此，相关部门必须重视“互联网+政务服务”信息的安全管理工作，借助先进的管理理念及手段，不断提升“互联网+政务服务”信息的安全性及可靠性，从而确保行政部门的正常运作。

2.4 “互联网+政务服务”信息公开与政府信任

在遭遇突发公共事件尤其是危及人类生命安全的传染病疫情时，政府与民众之间的积极互动是建立信任并成功应对疫情的关键，不仅依赖于信息发布的准确及时与通畅公开，还需要政府与公众在信息共享的基础上达成默契的相互信任。重大突发事件对政府治理体系和治理能力提出了极大的挑战，信息公开是推进国家数字治理现代化、实现政府信任和高效运转的重要基础，借助区块链技术可以有效推进政府信息公开服务，使其更加透明、开放，提高交互性和参与度。因此，本节基于政府与民众之间的良性互动视角，分析重大突发事件中信息公开与政府信任关系及其影响机理，并提出利用区块链技术推进政府信息公开，重构政府信任，为实现政府治理创新提供了一条较为可行的思路与方法。

2.4.1 “互联网+政务服务”信息公开研究假设

政府信息公开是突发事件应对的关键所在，需要不断完善政府信息公开制度，引导多元主体协同应对，有效通过信息公开提升政府信任。政府作为信息公开的主导者，其行为直接影响公民对其的满意度和信任度。政府应增加政府信息公开的透明度，将真实的信息分享给公民，满足公民应有的知情权，并接受公众监督，让公民参与决策，吸取广大人民的智慧共同应对突发事件等问题。综上所述，政府信任受到多方面因素的影响，如信息公开内容、渠道、效果以及用户信任倾向等因素，这些对于构建和维护政府信任都具有非常重要的作用，本文从以下四个方面展开研究。

① 信息公开内容对政府信任影响。政府与公众之间的良性互动不可避免地要求政府在行政管理过程中为公众提供更多表达其利益和愿望的机会，信息公开是参与的前提，没有政府信息公开，就不会有公众的参与，也就无法建立公众与政府之间的信任。如果政府能够将决策过程、执行过程等行政信息向公众公开，公众将更加客观地评价政府行为，政府信任度将更高。疫情防控信息公开是最好的“疫苗”，公众的战“疫”信心就源于对政府举措的信任，而民众的积极响应则与权威机构对疫情信息的公开透明密切相关。综上，针对重大突发事件中，政府在疫情防控、应急处置、社会保障等方面信息公开内容越多，双方间的信任水平就会越高，因此提出以下研究假设。

假设 H1：信息公开内容将显著影响政府信任。

② 信息公开渠道对政府信任影响。通过信息公开可以促进社会公众与政府之间的互动，社会公众才有可能通过制度内的途径参与国家事务和社会公共事务，并对公共权力的运行实行监督，维护自身权利，社会公众与政府之间才有可能实现互惠与公正交往，社会公众对于政府机构的信任水平也会越高。信息公开渠道为社会公众参与政府管理提供了更多机会，在互动过程中促进公众积极参与政府行政决策，提出更多的建议，提高了双方之间的信任水平。重大疫情下信息公开透明是最好的“定心丸”，信息传播渠道越畅通，例如官方微信、政府网站、政府直播等传播渠道，公众知情权享有越充分，对政府的信任感越高。综上，信息公开渠道越多，政府与社会公众之间交流的平台就会越好，社会公众参与政府管理的机会也就越多，双方间信任水平也会越高，因此提出以下研究假设。

假设 H2：信息公开渠道将显著影响政府信任。

③ 信息公开效果对政府信任影响。如果政府通过各种渠道真实、准确、全面地公开政务信息，那么公众可以根据他们掌握的政府信息来理解和监督政府和行政人员的工作，这将在树立良好的政府形象和增强公众对政府的信任感方面发挥重要作用。政府信息公开效果对政府信任有着积极的促进作用，通过提高信息公开效果让社会公众更迅速、更全面地知晓政府行政信息，从而提升公众对政府的信任水平。重大突发事件中信息决定着对疫情风险的认知水平，公开透明的信息是积极社会心态调控的基础，也是社会信任的着力点，只有增进社会互信才能有效应对非常时期的困难挑战。综上，提出以下研究假设。

假设 H3：信息公开效果将显著影响政府信任。

④ 用户信任倾向对信息公开信任的影响。信任倾向是指一个人表现出依赖他人的一致性倾向，它不随环境和信任对象的变化而变化，即信任是个人心理特征的表现，不受政府、社会组织等影响，但会受到个体不同特性的影响。由于用户个体的心理因素、受教育程度、职业特点不同，其信任倾向也就不同。信任倾向采用 McKnight 和 Chervany 提出的人性信念、信任立场两个维度，当政府服务平台提供的服务为公众提供便利时，个人信任倾向会直接影响对信息公开内容、信息公开渠道以及信息公开的及时性、全面性、真实性的信任，也会影响对政府的信任。鉴于上述讨论，提出以下研究假设。

假设 H4：信任倾向将影响公众对信息公开内容感知信任。

假设 H5：信任倾向将影响公众对信息公开渠道感知信任。

假设 H6：信任倾向将影响公众对政府信息公开效果感知信任。

假设 H7：信任倾向将影响公众对政府信任。

2.4.2 “互联网+政务服务”信息公开与政府信任实证分析

2.4.2.1 问卷设计与数据收集

本文分析重大突发事件中信息公开与政府信任关系及其影响机理，采用网上问卷调查的方式收集数据，在七个省市开展了网上问卷调查，涉及上海、江苏、合肥、南京、杭州、南昌、福州等地。调查这些地区不同企业、政府、学校、医院等社会群体和社会组织的成员。这些社会成员大部分有登录政府网站、官方微信等平台的经历。问卷分为两部分：第一部分包括性别、年龄、学历、职业等人口统计学变量，在选择调查对象时涉及不同的性别、职业和受教育程度的调查人群，要求被调查对象对各问题表明态度，例如对政府信息公开内容，信息公开渠道，信息公开的真实性、及时性、全面性等进行评价。问卷采用 Likert 五点量表："1" 表示完全不同意，"5" 完全同意。此次网上调查问卷共计回收 3200 份，剔除无效问卷，最终回收有效问卷 3008 份，有效回收率约为 94%。在有效问卷中，男性占 60%，女性占 40%；教育程度方面，本科及以上占 62%；公众职业方面，公司职员占比最大，达到 45%；社会组织方面，企业占 28%。第二部分为使用行为变量，测量变量主要包括四个方面：一是公众对突发事件中政府信息公开内容的评价，二是公众对突发事件中信息公开渠道的评价，三是公众对突发事件中信息公开效果的评价，四是公众对于政府的信任。以下是关于问卷的各题项设置情况，对各变量的定义如表 2.4 所示。

表 2.4　主要测量变量

变量	观测变量及题项	参考文献
信息公开内容（TO）	我认为政府对于突发事件的信息公开很全面，使我能够很好应对疫情	芮国强，宋典；刘建平，周云；李书巧，张炜栋
	我更想获取疫情防控、应急处置、社会保障等方面的信息	
	我认为政府能够将决策过程、执行过程等行政信息及时向公众公开	
信息公开渠道（TI）	我认为政府具有畅通的信息公开渠道	李燕凌，丁莹；Cyan M；朱春奎，毛万磊；贾哲敏，孟天广
	我相信官方微信、政府网站、政府直播平台等信息发布渠道	
	我可以从多种渠道获取政府信息	
信息公开效果（TS）	我认为政府能够及时响应公众关注的热点	徐晓林，张梓妍；余益民，陈韬伟；陈菲菲
	我认为政府信息公开及时、准确、全面	
	我认为政府服务过程是透明公开的	
政府信任（TG）	我认为政府有能力应对突发事件	吕欣，裴瑞敏；张毅，朱艺；赵倩，申健
	我认为政府能有效解决主要社会问题	
	我认为政府部门能够提供良好的信息服务	

2.4.2.2 实证分析

实证分析利用 SPSS 和 LISREL 统计工具对问卷数据进行处理，通过结构方程路径系数来分析信任模型中变量的影响程度。对测量模型的检验涉及信度、效度和结构模型分析。

（1）信度分析

为了检验问卷的有效性问题，对问卷进行信度与效度分析，信度是对量表测量一致性程度的估计，采用 Cronbach' s Alpha 系数进行信度检验，检验样本数据可信度，如表 2.5 所示。剔除 CITC（校正的项总计相关性）值小于 0.5 的指标题项后，保留 CITC 值大于 0.6 的指标题项，各题项的 Cronbach' s Alpha 值在 0.778 到 0.865 之间，并且问卷整体 Cronbach' s Alpha 值为 0.940，如表 2.5 所示，充分表明该调查问卷具有较高信度。

表 2.5 测量变量可靠性统计

量表	Cronbach' s Alpha	项数
信任倾向	0.830	3
信息公开内容	0.785	3
信息公开渠道	0.865	3
信息公开效果	0.778	3
政府信任	0.814	3
问卷总体	0.940	15

（2）效度分析

对于问卷的效度分析主要采用了内容效度和结构效度分析，调查问卷基于大量文献回顾，参照了信任理论基础模型，保证了问卷中的每个问题都有明确的依据。调查问卷接受了相关领域专家和调查对象开发者与推广者的修改建议，并根据预调查的结果进行了较好的修改。调查问卷开发过程的严谨性确保了其内容的有效性，即调查问卷具有较高的内容效度。

结构效度分析主要采用因子分析方法对问卷结构效度进行检验，通过对数据进行度量和球形度检验决定数据是否适用于因子分析。采用 KMO（Kaiser-Meyer-Olkin）和 Bartlett 的球形度检验方法来检验，如表 2.6 中 Bartlett 球形度检验是 0.000，结果表明问卷数据相关性较好。表 2.6 中政府信任因子的 KMO 测量值为 0.927，Bartlett 球形检验的卡方值为 7937.058（自由度为 820），且非常显著，两者均表明数据适合进行因子分析。

表 2.6　信任体系 KMO 和 Bartlett 的检验

取样足够度的 Kaiser-Meyer-Olkin 度量		0.927
Bartlett 的球形度检验	近似卡方	7937.058
	df	820
	Sig.	0.000

接下来采用主成分分析方法进行验证性因子分析，把因子载荷值大于 1 的题项或者小于 0.5 的题项删除，最终政府信任影响因子载荷如表 2.7 所示，表中各变量的因子载荷系数均大于 0.5，均满足了学术界通过验证所提出的最低数值要求。使用平均方差萃取率（AVE）来检验聚敛效度，AVE 和 CR 是聚敛效度常用指标，所有的 AVE 值都大于 0.5，CR 值大于 0.7，则说明调查问卷具有较好的聚合效度。

表 2.7　变量描述统计、聚敛效度检验

潜在变量	题项	因子载荷	AVE	CR
信任倾向	TP1	0.726	0.546	0.783
	TP2	0.703		
	TP3	0.785		
信息公开内容	TO1	0.842	0.668	0.858
	TO2	0.813		
	TO3	0.797		
信息公开渠道	TI1	0.745	0.524	0.768
	TI2	0.740		
	TI3	0.686		
信息公开效果	TS1	0.726	0.525	0.768
	TS2	0.703		
	TS3	0.744		

续表

潜在变量	题项	因子载荷	AVE	CR
政府信任	TG1	0.804	0.653	0.849
	TG2	0.793		
	TG3	0.826		

（3）结构模型分析

通过软件 LISREL 工具分别对政府信任影响因素各潜在变量进行路径系数分析，见表 2.8，由于信任倾向对政府信任影响的显著性水平 0.062>0.05，表示信任倾向对政府信任影响不显著，表明信任倾向属于个体属性，对政府信任没有直接影响，但其间接影响也值得关注。

表 2.8 路径分析及验证结果

假设	关系	路径	显著性水平	结果
假设 H1	TO->TG	0.52	0.000	支持
假设 H2	TI->TG	0.46	0.000	支持
假设 H3	TS->TG	0.43	0.001	支持
假设 H4	TP->TO	0.39	0.002	支持
假设 H5	TP->TI	0.41	0.003	支持
假设 H6	TP->TS	0.42	0.002	支持
假设 H7	TP->TG	0.10	0.062	不支持

从表 2.8 中得出信息公开对政府信任影响显著，验证了假设 TO->TG、TI->TG、TS->TG、TP->TO、TP->TI、TP->TS 成立，即信息公开内容、信息公开渠道、信息公开效果显著正向影响政府信任。结构方程模型如图 2.3 所示。

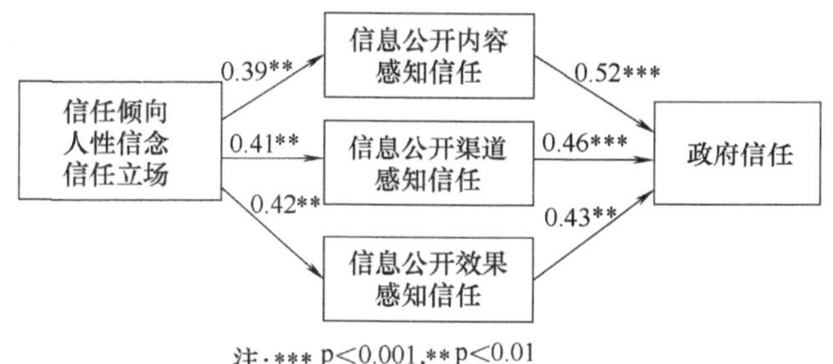

图 2.3 信任因素路径系数

2.4.3 “互联网+政务服务”信息公开与政府信任研究结论

本研究基于政府与民众之间的良性互动视角，从信息公开内容、信息公开渠道、信息公开效果多维角度探析公众信任认知特征，探析重大突发事件中公众信息公开需求及与政府信任关系及其影响机理，通过以上实证分析，得出以下研究结论。

（1）优化政府信息公开内容，形成信息服务多元化和精细化

实证分析表明信息公开内容系数为 0.52，说明信息公开内容显著影响政府信任。突发事件中公众对信息需求呈现多元化、精准化、个性化的趋势，针对这种情况利用区块链公开透明、安全可靠等技术特征完善信息公开内容，及时公开突发事件信息，实现不同主体之间数据实时交流与共享，促进信息服务多元化和精细化，让公众采取合理方式应对疫情风险，提高公众对疫情信息的可获得性，降低政民沟通交流成本，也使公众了解重大突发事件中的政府行为，提高公众对政府行为的理解和积极评价，增加公众对政府信任程度。与此同时，针对不同群体提供个性化政府信息服务模式，按照企业、个人、法人等不同服务对象进行分类，设置行政审批、便民服务、阳光政务等信息服务栏目，在实施过程中面向用户需求，注重改善用户体验，提升公众参与的积极主动性。利用区块链技术提升服务效能，让特殊人群也能感知到政务信息服务的智能化和特色化，例如，一站式智能问答服务、智能语音导航、智能外呼服务等，满足公众对信息公开内容的多元化需求。

（2）拓宽信息公开渠道，实现多方主体良性互动与相互信任

实证分析表明信息公开渠道系数为 0.46，说明信息公开渠道对政府信任有显著影响。因此，政府需要利用区块链的去中心化与分布式技术构建多中心协同信息公开模式、拓宽信息公开渠道，让公众更迅速、更全面地知晓政府信息，提高与政府协作应对效率，增强公众抗击疫情信心。首先，利用区块链技术构建政务信息公开共享平台，实现多方主体的良性互动和互信，形成政府信任网络基础。整合政府不同部门和区域之间的数据资源，统一政府服务数据入口，将政府机构、金融机构、监管机构、审计机构以及其他机构放置到区块链生态体系中，实现一定范围内的政务大数据开放共享平台。其次，建立政务数据治理区块链技术应用体系标准，利用区块链技术的不可篡改、非对称加密能力、数据可追溯等技术特性，制定“上链”数据标准和质量要求，将“上链”政务大数据向社会各主体公开，尤其是与民生息息相关的政务、养老、医疗、社保、教育、便民等信息，实现“上链”数据资源的公开透明。最后，通过区块链点对点交换网络技术加快突发事件信息公开传播速度，促进政府组织结构的扁平化发展，提高突发事件信息公开渠道的多元性和畅通性，有利于满足公众的知情权、参与权、表达权，提高公众参与的积极主动性，提高政府处理突发事件执行效率和治理水平，塑造良好的政府信誉形象。

（3）利用区块链技术提升信息公开效果，形成政府信任网络环境

实证分析表明信息公开效果信任路径系数为 0.43，说明信息公开效果影响公众对政府信任，利用区块链技术推升信息公开的及时性、真实性、全面性，有利于化解重大疫情传播风险，提升公众对政府的信任。第一，通过区块链网络建立高效协作的政府信息管理平台，实现政府信息互联互通、透明和规范运行，提升突发事件中政府应对效率，为构建政府信任提供可靠的网络环境。第二，可以借助第三方微信平台、在线交流、新闻发布、网络直播等平台，重点围绕社会公众关心的突发事件、疫情防控、应急方案、社会保障等问题，适时开通在线访谈、网络直播等栏目，邀请有关方面专家在线解答，让社会公众及时获知最新政府信息，真正发挥信息公开惠民的作用。第三，利用区块链技术改善认证服务、鉴别用户身份，包括对用户的凭证识读与身份认证，为用户登录网上办事系统提供可信的身份验证及秘密性保护，形成政府信任的网络环境。并且加强不同区域、行业和部门之间身份认证的互通互认，以身份标识结合数字证书作为网上统一身份凭证，建立多种便民登录方式的身份信任通道，实现“一门一网一号”的便民服务。同时注意在疫情防控、应急处置、物流输送、医疗保障、个人救济等方面为公众提供更加精准和便捷的服务，改善公众与政府之间的关系，构建一个良好的政府服务信任体系，从根本上为政府信任搭建群众基础。

（4）构建多主体监管反馈参与机制，维护区块链政府信任生态

实证分析表明信任倾向路径系数为 0.10，说明信任倾向属于个体属性，对政府信任没有直接影响，但其间接影响也值得关注。根据路径分析结果，信任倾向影响公众对信息公开内容、公开渠道、公开效果的信任，因此，应利用区块链技术实现信息公开透明，形成政府信任网络。政府机构可以制定政策，鼓励更多的公众参与政府信息公开服务，用户一旦感知线上信息服务带来的高效性、便利性和交互性，用户信任倾向也会有所转变，信任倾向较低的人也会对逐渐提高对政府信息公开内容、信息公开渠道以及信息公开的真实性、全面性的信任，从而提高公众对政府机构的整体信任程度，最终愿意接受并且积极参与政府信息服务。与此同时，政府在实现信息共享、能力提升、多中心协同互动的基础上，仍需要接受社会各主体的共同监督，需要自下而上的信息反馈与社会参与，才能形成一个双向、全面、畅达的交互环境，全方位建立和维护政府信任。利用区块链建立多主体监督反馈环节，共同承担政府数据区块链的监管责任，从而共同维护整个信息公开的信任环境。一方面，政府可以利用区块链政务系统向社会进行公示、征集意见、听取民意，社会各主体根据自身情况参与政策的讨论与制定，见证政策的形成过程，这样使政策更加贴近民生需要，形成良好的社会舆论效果，提高社会各主体对政府执政方式和服务效果的评价，进而增加全社会对政府的信任度。另一方面，政府需要鼓励企业、社会组织、公众等多主体共同参与，形成多中心协同的区块链政府信任生态系统，各主体在信任生态系统内根据共识享有权利、履行义务，不断地交流、磨合、互动，共同促进生态系统的发展与成熟，逐渐形成一个良好的政府信任生态环境，维护政府信任的持久生命力。

重大突发事件中信息精准公开有利于提升政府公信力，以区块链信息技术为手段，以建设服务型政府为契机，使政府服务过程透明化，将各种与疫情相关信息及时公开，消除社会恐慌，增强公众信心与政府信任。本节分析重大突发事件中政府信任影响机理，并且从多维角度探析公众对政府信任的认知特征，构建基于区块链技术的政府信任体系。一方面，政府通过区块链技术应用提高了信息公开效率和透明度，提升公众对政府信任；另一方面，利用区块链去中心化改变传统的政务服务模式，构建多中心协同模式，实现多方主体良性互动与相互信任，维护政府信任生态。

由于研究环境和条件的限制，本节还存在以下不足：

第一，尽管样本涉及不同职业、不同年龄阶段、不同受教育程度的公众，但是样本量的局限性是不可避免的，研究结果的普遍性需要进一步的实证检验；

第二，研究数据主要是横断面数据，较难从时间维度研究变量之间的关系；

第三，利用区块链技术优势来提高信息公开效率是政府治理创新的重要内容，它为相关理论研究和实践探索提出了新的挑战，本文仅对此主题开展了部分工作。

在后期进一步研究公众参与和信息公开等相关变量的影响和有效性，同时加强纵向时间序列研究，以提高研究的系统性和完整性。

Chapter 3

第3章

“互联网+政务服务”公众采纳理论框架

3.1
采纳模型相关理论

“互联网+政务服务”公众采纳问题属于互联网技术采纳的研究领域，涉及信息技术、社会学、心理学、行为学等多领域知识。“互联网+政务服务”的服务理念是以用户需求为中心，取得成功的关键和标志就是公众采纳平台的服务，因此需要从用户的角度出发研究“互联网+政务服务”的公众采纳问题。采纳研究领域采用的理论模型有技术接受模型、信息系统持续使用模型和信任理论等。本书以这些理论为基础综合分析了多个采纳模型后构建了采纳模型，用于研究“互联网+政务服务”的公众采纳问题。

3.1.1 采纳研究基础理论模型介绍

（1）技术接受模型

技术接受模型（TAM）是信息系统公众采纳研究的基础理论之一，TAM 模型及其各种扩展模型主要描述技术接受与认知情感之间的关系。Davis 以理性行为理论为基础提出了 TAM 模型，该模型将感知有用性和易用性作为影响用户的采纳行为的重要影响因素，研究公众采纳行为规律。感知有用性是用户个体认为服务对其工作及未来的收益有帮助的认知，感知易用性是用户个体对服务以及平台的使用便利程度的感知。TAM 模型没有充分研究感知有用性和感知易用性的外部影响因素，使得 TAM 模型不能完整地分析和解释用户对信息技术的采纳行为。在后续研究中 Davis 和 Venkatesh 对 TAM 模型进行了扩展，加入了社会影响过程和认知工具过程影响因素，提出了 TAM2 模型，用于研究信息技术的公众采纳。

很多研究“互联网+政务服务”采纳的学者通过在 TAM 模型中添加一些外部变量对 TAM 模型改进和扩展，用于研究公众的采纳行为规律。Hujra 等人研究了国家文化对“互联网+政务服务”用户的感知有用性和易用性所产生的影响，通过实证研究证实国家文化会对“互联网+政务服务”用户的感知有用性和易用性产生显著的影响。Hsiao 等人将用户信任和个人创新这两个因素引入到 TAM 模型，研究这两个参数对用户感知有用性和易用性的影响。在 TAM 模型及其各种扩展模型中，感知有用性和易用性是最重要的决定要素。

（2）信任理论

在“互联网+政务服务”信息服务实施过程中，提高服务水平或者政府网站的利用率仅仅关注用户的需求是不够的，信任因素会直接影响公众的采纳意向，信任在需求与使用行为之间发挥着关键性的中介作用。因此，信任是公众采纳政务服务的一个重要影响因素，是“互联网+政务服务”和“互联网+政务服务”采纳研究不可分割的一部分。只有在充分信任的基础上，用户才会持续地使用“互联网+政务”信息服务平台或者政府网站，而且这种信任是建立在用户对政府信任的基础之上的。

目前基于信任理论的单一性，“互联网+政务服务”采纳研究主要关注信任的组成要素、各组成要素对用户采纳的影响。Carter 认为信任的构成要素有对政府的信任、对互联网的信任、信任倾向和感知风险，对信任和风险在“互联网+政务服务”的采纳影响进行了研究。他们提出的信任构成要素及其之间的相互关系得到了学者们的广泛认同，其他学者的进一步研究指出信任对用户的采纳意向有关键影响。此外，个人倾向会通过影响信任的方式间接影响用户的采纳意向，Srivastava 等人将对互联网的信任的概念扩展为对技术的信任。

综合文献中的观点，分析对信息系统的信任问题时需要考虑对政府的信任、对互联网技术的信任、个人的信任倾向以及个人的风险意识等方面的因素，用户对互联网技术和政府的信任直接影响其使用意向，最终影响公众的采纳意向。本书在“互联网+政务服务”已有的信任理论基础上，结合“互联网+”的开放性和融合性特点，分析互联网政务服务信任的前因，进而研究信任对公众采纳的影响。

3.1.2 持续采纳研究理论模型介绍

公众采纳研究不能仅限于研究用户的初始采纳行为，用户的初始接受仅是信息服务取得成功的第一步，更要考虑用户的后续使用情况。对于“互联网+政务服务”平台来说，在建设及完善平台的时候，首先要考虑的因素是用户是否具有初始接受意向，继而考虑其是否继续使用该服务或者平台，用户后期的持续使用是“互联网+政务服务”公众采纳的关键，服务平台能否真正发挥效用决定于公众持续使用平台服务的情况。

（1）**信息系统持续使用模型**

Bhattacherjee 等人在技术接受模型中引入了消费者行为的期望确认理论，提出了信息系统持续使用模型（ECM-ISC），认为公众的满意程度正向影响其持续使用意愿。他们用该模型对电子银行的用户持续使用行为进行了实证研究，该模型是研究持续接受信息服务行为规律的代表性理论，已经被广泛用于各种信息服务的持续接受研究。

（2）**持续采纳研究的理论模型**

"互联网+政务服务"的持续采纳研究主要有两类：一是以技术接受模型为基础模型，对模型加以扩展，研究持续使用的规律；二是以信息系统持续使用模型为基础，对持续使用的行为规律进行研究。

以 TAM 模型为基础，Wangpipatwong 等人已研究了感知引用性和感知有用性对用户持续采纳"互联网+政务"的影响，Gil-García 等人研究了信息的技术和组织管理、法律制度等因素对用户持续使用"互联网+政务"的影响，Wang 等人结合结构方程方法实证分析了信息平台的质量、用户满意度等因素对"互联网+政务"持续使用的影响。

以 ECM-ISC 模型为基础，代蕾等研究了技术因素等对移动"互联网+政务"用户的持续使用行为的影响；杨小峰和徐博艺研究了政府门户网站的持续使用情况；王长林等基于任务/技术匹配理论研究了用户满意度对用户持续使用的影响，并实证研究了移动政务的持续使用。此外，刘玲利等根据技术接受模型构建"互联网+政务"接受和持续使用综合模型，对影响"互联网+政务"的接受和持续使用因素进行了验证和探讨，发现感知有用性、信息质量和期望差异是主要的影响因素，并且针对我国土地市场管理"互联网+政务服务"系统，采用问卷调研的方式进行了定量分析，对影响土地市场管理"互联网+政务"接受和持续运行的显著因素进行了探讨。

（3）**服务质量与用户满意度**

Verdegem 等依据信息沟通技术接受理论认为用户对"互联网+政务"的持续采纳决定于用户的满意度，他们采用结构方程方法研究发现信息系统的用户的满意度受到系统的适用性、功能性等因素的明显影响。Bournaris 等采用多标准满意度分析模型研究网站页面质量、信息质量等对用户满意度的影响。陈岚在服务质量模型（SERVQUAL）等相关模型的基础上提出了“互联网+政务”信息服务公众满意度模型及指标体系，以南通市“互联网+政务”信息服务平台为对象，运用结构方程方法进行模型检验和实证研究南通市“互联网+政务”信息服务公众满意的影响因素及提升策略。

通过以上分析，本书关于用户对“互联网+政务服务”的持续采纳研究，以技术接受理论和信息系统持续使用模型为基础，结合服务质量模型，将“互联网+政务服务”用户满意度分为三个维度（感知易用性、感知有用性、感知质量），构建用户对“互联网+政务服务”持续采纳过程分析框架（图 3.1）。

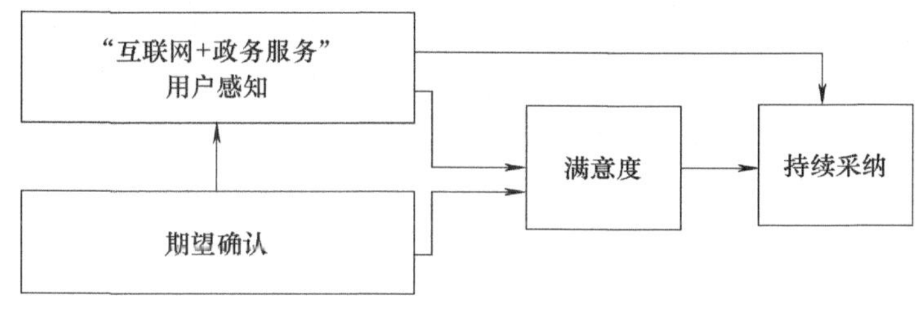

图 3.1 用户持续采纳过程分析框架

3.2 “互联网+政务服务”公众采纳模型的构建

3.2.1 公众采纳过程的划分

心理学和行为学认为采纳是一种多阶段及连续性的过程，《牛津商务词典》将采纳定义为个体在进行购买或者发出订单决策前的心理和行为阶段，包括用户认知、兴趣、评估、尝试以及最终接受该产品或服务。

（1）采纳过程理论分析

公众采纳过程的研究中比较经典的模型包括 Klonglan & Coward 采纳过程模型（K-C 模型）、Spence 采纳过程模型、Rogers 创新决策过程模型（R 模型）等。K-C 模型认为当用户刚接触到一个创新产品时会先了解该新产品并作出评价，在心理上决定采纳后才会执行采纳行为。观念采纳是用户对新产品进行创新概念认知、评价后做出的选择判断，是公众采纳一个必要条件，但不是充分条件。新产品最终未被采纳的情况：其一，个人根据可获得的信息认为新产品或服务不适合他，直接拒绝；其二，个人根据可获得的信息认为新产品或服务适合他，在观念采纳的前提下，用户愿意尝试使用或购买该新产品，即实施行动采纳，但由于各种原因行动没有实施。

Spence 认为采纳是一种尝试后的行为，他在 K-C 模型的基础上构建了 Spence 模型，该模型在尝试阶段之后加入了用户满意的判断过程，如果用户尝试后满意则采纳，否则就拒绝，或者进入对其他创新产品的采纳过程。Rogers 是创新扩散研究领域最具代表性的学者之一，他建立的创新决策过程模型（R 模型）和 K-C 模型有异曲同工之处。R 模型认为创新产品的采纳包含概念采纳和实物采纳，分别对应 K-C 模型的观念采纳和行动采纳，但与 K-C 模型不同，R 模型的个体采纳创新阶段模型包括重新评估的确认阶段，即采纳后的持续使用行为阶段，而 K-C 模型则不包含此阶段。在“互联网+”的复杂环境下，互联网的技术环境、社会环境都和原先不同，这必然会导致用户的互联网使用习惯、观念发生变化，公众对“互联网+政务服务”采纳过程中的心理、采纳方式等也会和原先不同，因此需要对此进行研究。

（2）公众采纳过程的阶段划分

研究信息系统采纳行为时，学者们对采纳过程进行阶段划分，并发现用户不同阶段的采纳行为规律不同。一些学者将采纳行为分为采纳前和采纳后两个阶段，采用不同的理论对两个阶段的采纳行为分别进行了研究，他们以计划行为理论为基础研究采纳阶段的特点。为了行文叙述方便，我们将采纳过程的这两个阶段分别称为初始接受意向阶段和持续使用意向阶段。Horst、Belanger、Mofleh 等学者对“互联网+政务”的采纳过程进行了分阶段研究，但是他们的理论没有区分采纳过程的“概念”与“载体”等概念，缺乏一个综合的分析框架。本书将在分析公众采纳过程主流模型的基础上，结合“互联网+政务服务”的环境特点，把“互联网+政务服务”采纳过程分用户初始接受意向和持续使用意向两个阶段，并研究各阶段的公众采纳特点，包含用户认知、兴趣、感知信任、社会影响、用户满意等因素。“互联网+政务服务”公众采纳过程如图 3.2 所示。

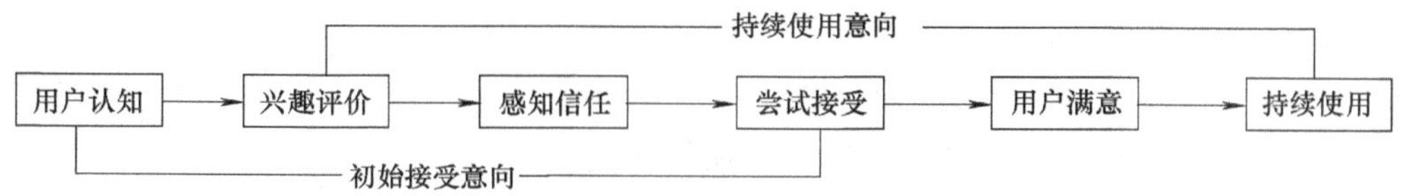

图 3.2 “互联网+政务服务”公众采纳过程

3.2.2 公众采纳模型的构建

“互联网+政务服务”的特征是融合、创新、开放等，公众对“互联网+政务服务”的需求和要求无论在形式上还是内容上都会与以往的“互联网+政务服务”不同。本书根据公众采纳“互联网+政务服务”的行为特征，结合技术接受模型、信息系统持续使用模型、信任模型以及公众采纳过程等基本理论，选取政府公信力、互联网信任、社会影响、技术优势、相容性、感知有用性、感知易用性、感知质量等特性作为公众采纳行为的影响因素，构建“互联网+政务服务”公众采纳模型，如图 3.3 所示。

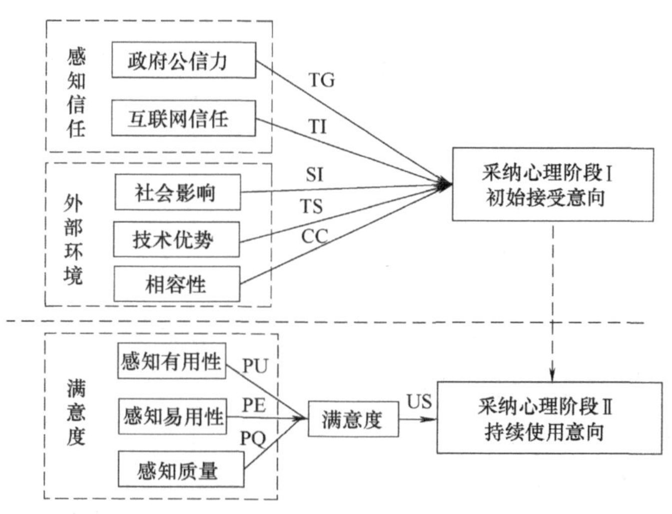

图 3.3 “互联网+政务服务”公众采纳模型

笔者将“互联网+政务服务”的公众采纳过程划分为采纳心理阶段Ⅰ（用户初始接受意向阶段）和采纳心理阶段Ⅱ（用户持续使用意向阶段）。采纳心理阶段Ⅰ主要以技术接受模型为基础，从用户感知信任，外部环境等影响因素进行分析；采纳心理阶段Ⅱ则以信息系统持续使用模型为理论基础，主要从用户感知质量、满意度等因素进行分析。

在采纳心理阶段Ⅰ的研究过程中，首先需要判断用户是否具有初始接受意向，用户初始接受意向受到感知信任和外部环境的影响。信息理论中感知信任是指用户对信息服务的总体信任。当用户有意向通过互联网获取政务服务后，再考虑“互联网+政务服务”的信任对“互联网+政务服务”采纳意向的影响。对于“互联网+政务服务”，感知信任包括用户对政府的信任和对互联网的信任。对政府的信任就是政府基于其公信力使公众产生的安心信任感，对互联网的信任就是对互联网的安全架构和法律规章等方面的信任。直接或间接影响用户对“互联网+政务服务”采纳意向的外部环境因素有很多。第一是大众媒体舆论、政府部门的宣传以及用户的亲戚、朋友和同事等持有或发表的观点。

其次是使用“互联网+政务”服务的用户数量。用户使用产品、接受某种服务时具有从众心理的特征，如果用户看到周围有很多人在使用“互联网+政务服务”的时候，那么他的行为就会受到影响，非常有可能接受“互联网+政务”信息服务方式，这是一个正相关的影响关系。理论上互联网的服务价值依赖于使用用户的数量，使用该服务的用户数量越多其服务价值就会越大。

最后是使用“互联网+政务服务”时的使用体验比较。“互联网+政务服务”要想取代原先的政务服务，必须能够让用户在用户使用各种服务时感受到“互联网+”新技术带来的优势。如果用户使用“互联网+政务服务”时，感到获得的服务更快、更方便、更容易和更有效，则会倾向于采用“互联网+政务服务”。

在采纳心理阶段Ⅱ的研究过程中，主要是研究当公众初始接受了“互联网+政务”信息服务方式后是否具有持续使用的意向，在这一阶段主要研究公众满意度对持续使用的影响。持续使用意向作为因变量频繁出现在研究政府网站服务、电子商务、社交媒体和在线教育学习平台等文献中，学者们借助于信任、期望确认、理性行为及创新扩散等理论工具，开展定性或定量研究，对持续使用意向的形成原因及相关影响因素进行探究。一般认为，持续使用意向会受到满意度、感知信任、感知易用性、服务质量、相对优势以及特殊的计算机自我效能等因素影响。这些文献对持续使用意向已经做出有益探索，为深入研究奠定了良好基础。政务服务中心的宗旨是“以人民为中心”，最终目标是更好地服务社会公众。初次使用行为是公众采纳的直接反应，而持续使用意向才是公众满意和政务服务中心成功与否的关键指标。持续使用意向是指公众在政务服务中心申办事项之后，再次向政务服务中心申请服务的意愿。提升公众持续使用意向，不仅能有效地降低公众获取服务的成本，还有利于政务服务的集成。政务服务中心是政府各职能部门向社会提供政务服务的“主战场”，政务服务要想取得成功，就必须培养公务人员和社会公众的使用习惯，营造社会氛围，最大限度地发挥政务服务中心的应有价值。

在“互联网+政务服务”情境下，用户满意是指用户在实际接受“互联网+政务服务”并且使用服务后对该服务（包括平台本身和服务内容）形成的总体评价和感受，会决定用户是否会持续使用该服务或者服务平台。满意度最早出现在营销学和顾客行为学中，即顾客满意。在已有文献中，学者们从不同层次、不同维度开展研究，一般将顾客满意度划分为特定满意度和累积满意度。相应的特定满意度是对某次服务或消费的评估；累积满意度是在特定满意度的基础上形成的，是对所有消费经历的整体评价。对于政务服务中心而言，公众满意度是指公众在接受政府线上、线下服务时的整体评价，是公众对事前期望和事中、事后感知相对差距程度的主观评价。公众申请、接受政务服务的过程，与一般的服务消费类似，既会因某一特定事项办理经历形成特定满意度，也会因多次办事经历形成累积满意度。因此，可以从特定满意度和累积满意度两个维度来评估公众满意度。具体而言，特定满意度用于评估公众最近一次的政务服务体验；累积满意度则用于评估公众的总体政务服务体验。信息系统持续使用模型指出感知有用性和易用性是用户产生满意感的重要因素，用户对“互联网+政务服务”或者网站平台的感知有用性和易用性将直接影响用户满意度，并影响用户的持续使用意向。感知服务质量是用户满意的前因，笔者将在持续使用阶段重点研究感知有用性、易用性和感知质量对用户满意度的直接影响，用户满意度对用户持续使用的直接影响，以及感知有用性、易用性和感知质量对用户持续使用的间接影响。

3.2.3 开放式采纳模型的设计

前面的研究在构建采纳模型时，从感知信任、外部环境、用户满意等几方面综合考虑了政府公信力、互联网信任、社会影响、技术优势、有用性、易用性、感知质量等影响因素。尽管对选用的网站有较好的解释能力， 但是不同的服务网站的软硬件建设情况不同，不同地区的人群使用目的、使用方式、使用喜好会千差万别，诸如此类的差异可能会产生某些主要影响因素没有被考虑到的情况，针对这些情况，我们的解决方案是将用户采纳模型设计成开放式采纳模型，即在采纳模型中的影响变量中设计若干个“其他因素”，其他因素是本开放式采纳模型设计中的重要组成部分，如图 3.4 所示。

图 3.4 中用户采纳心理阶段Ⅰ的其他方面包含了若干个其他因素 $X_{11}\cdots X_{1m}$，这是影响用户初始接受意向的非主要因素，采纳心理阶段Ⅱ的其他方面也包含了若干个其他因素 $X_{21}\cdots X_{2n}$，这是影响用户持续使用意向的非主要因素。“其他因素”来源于两个方面，第一方面指在问卷调查过程中被评价为非主要因素的调查选项，比如单项调查中勾选率小于 1%、多项调查中勾选率小于 5%的因素，或者是问卷量表中没有列入的影响因素，但受访者在接受问卷调查时，在其他一栏中反馈意见较多的因素，如环境因素、文化因素、制度因素等。第二方面指采纳模型中的影响程度低于特定指标（如因子载荷值、模型中路径系数等）的一些因素。

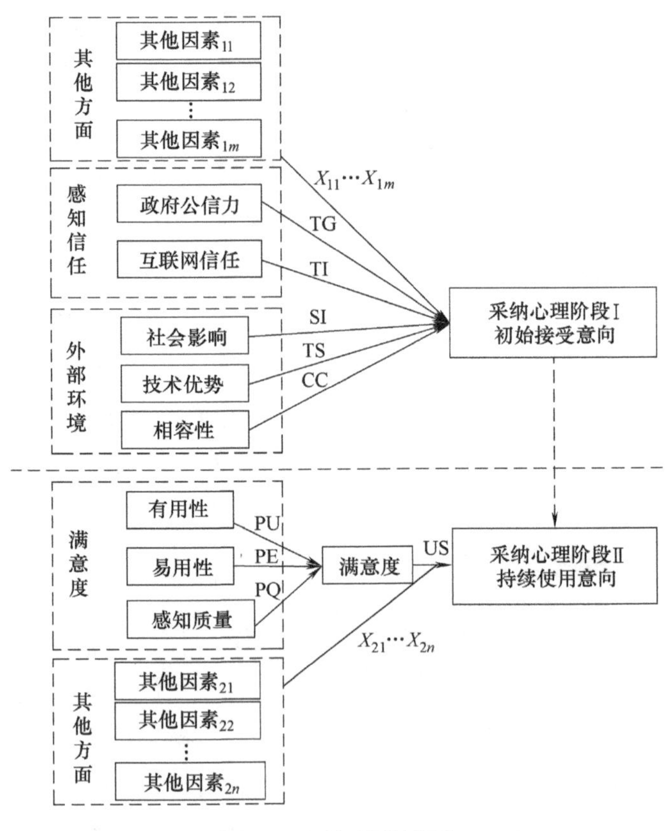

图 3.4　开放式采纳模型

开放式采纳模型分析用户采纳影响因素时有更强的适用性，例如不同时期"互联网+政务服务"平台公众采纳的影响因素可能会有所不同，前次模型评价结果中的"其他因素"可能会上升为影响采纳的主要因素。"互联网+政务服务"的信息化时代，政府门户网站只是单向发布信息，不能办理各项事务，没有交互性，同时其他政府网站也都不具备交互性，因此，这一时期用户对于平台的"交互性"没有很高的期望，在调查中平台的"交互性"因素就不会成为影响用户采纳的主要因素，所以会被归并于"其他因素"。但随着"互联网+"时代的到来，政府网站已经成为"互联网+政务服务"实施的重要平台之一，许多政府网站已能够办理很多公共事务，具备很强的交互性，因此，在当前的调查中"交互性"因素会从其他因素中上升为主要因素。

开放式采纳模型的应用还可以进一步提高用户采纳模型的适用范围，可以适用于不同级别、不同地区的"互联网+政务服务"平台，有利于采纳模型用于大范围的"互联网+政务服务"平台评估分析，促进"互联网+政务服务"平台的建设，提升我国的"互联网+政务服务"水平。

3.3 "互联网+政务服务"公众采纳研究假设

3.3.1 感知信任分析

"互联网+政务服务"将会对公众与政府之间的关系产生深远的影响，公众愿意使用"互联网+政务服务"的重要前提条件是其对服务平台的感知信任。感知信任包括公众对政府公信力的信赖和公众对互联网技术和环境的信任。

（1）政府公信力

商业服务网站的成功受到消费者对企业组织信任的影响，同样政务服务是否成功也受到用户对政府公信力信赖的影响。公众对政府的信任主要涉及政府提供服务的能力，公众对政府的信任会直接影响其对"互联网+政务服务"的信任，政务服务质量和服务能力是获取公众信任的基础。在建设"互联网+政务服务"平台及平台运行提供政务服务过程中，政府需要投入充足的资源保障平台的平稳、安全运行。"互联网+政务服务"实际上是政府为公众提供政务服务的一种方式，而且公众在互联网政务服务平台上可以通过网上投票、留言建议等方式参与社会管理。政府提供“互联网+政务服务”目的应该是为了更好地服务社会公众，而不是为了政府省事，如果政府能够及时高效地响应并完成政务服务平台的服务申请，及时回复反馈公众诉求和建议，那么公众对政府的信任感就会增加。

（2）互联网信任

随着互联网技术的发展，公众的生活和工作事务越来越多地借助网上完成，与此同时，需要提交个人信息甚至是极其重要的个人数据，如银行账号、身份证号、家庭住址、家庭成员信息等，随之而来的是这些个人信息的安全保障问题，同时也引发了公众的个人信息安全焦虑。互联网安全措施，以及个人信息安全问题是公众在使用“互联网+政务”时最关注的问题之一。此外，服务平台的稳定性、整体的架构性能等也是公众使用服务平台时关注的问题。这些问题就是互联网的信任问题，信任形式包括对互联网安全措施的信任、对电子渠道整体结构性能的信任等。只有公众对互联网很信任，用户才会愿意在服务平台提交个人信息、申请政务服务，如果用户对互联网的信任度低，就会降低其对“互联网+政务服务”的采纳意愿。因此，感知信任对于“互联网+政务服务”采纳意向具有正向影响，即政府公信力和网络环境信任积极影响公众采纳意向，提出以下研究假设：

政府公信力（TG）直接正向影响初始接受意向。

互联网信任（TI）直接正向影响初始接受意向。

3.3.2 外部环境分析

采纳研究表明，用户对网上服务的采纳行为受到网络外的因素影响，实证研究的结果表明考虑了网络外部环境影响的 TAM 组合模型的解释能力比 TAM 模型的解释能力更强，网络外部环境影响包括社会影响、技术优势以及相容性。

（1）社会影响

公众是否采纳政务服务会受到社会环境的影响，社会环境包括政府的激励手段，提供服务平台的便利性以及用户受到周围群众及亲戚、朋友、同事等对其行为的影响。政府提高“互联网+政务服务”的社会影响可以采取两个方面措施：一是通过网站交流平台、微信公众号、政务微博等多种方式增加和公众之间的交流互动，激励公众采纳"互联网+政务服务"，使得参与政府服务项目的人越多，则越有可能愿意采用"互联网+政务服务"。二是政府提高政务服务平台的便利性，让普通大众都可以方便地使用"互联网+政务服务"，提高用户数量，并且随着周围越来越多的人使用"互联网+政务服务"，则用户越有可能接受"互联网+政务服务"。

（2）技术优势

互联网技术具有开放性、共享性和融合性等特征，随着移动终端APP、微博、微信等技术手段的出现，"互联网+"可以为公众提供更加高效、便捷的"互联网+政务服务"。"互联网+政务服务"是为顺应信息社会发展和用户需求，使政府在现有政务服务的基础上进行全面升级换代，最终实现智慧政务而产生的。"互联网+政务服务"是一项新的政府服务方式，"互联网+政务服务"平台的网上平台、实体大厅、自动终端、服务热线等良性互动的O2O模式，使网上办事与网下办事相辅相成、相互促进。

（3）相容性

Rogers对相容性的定义是"新生事物与潜在采纳者的价值观、过去的经验、需求相协调的程度"，认为当新生事物的相容性较好时就容易被迅速采纳。Mofleh的研究也发现相容性也会正向影响用户的使用意愿，其他的一些研究人员在研究电子服务公众采纳的时候将相容性整合到技术接受模型中，发现相容性对用户的使用态度有相关性影响。因此，外部环境对于"互联网+政务服务"采纳具有正向影响，即社会影响、技术优势和相容性积极影响公众采纳意向，鉴于上述讨论，我们提出以下研究假设：

社会影响（SI）直接正向影响初始接受意向。

技术优势（TS）直接正向影响初始接受意向。

相容性（CC）直接正向影响初始接受意向。

3.3.3 用户满意度分析

（1）感知有用性的影响

互联网的感知有用性指用户利用互联网获取信息感知到的互联网对其工作

效率和绩效提高的帮助程度。感知有用性被认为是公众满意度高和有持续使用意向的主要前因，对持续使用意向有显著正向影响。本书将感知有用性定义为用户感觉使用"互联网+政务"信息服务及平台能提高政务事务办理效率的程度。"互联网+政务服务"的感知有用性可以理解为公众使用服务平台处理相关事务的时候，办事成本降低、效率提高、等待时间缩短；同时公众也能通过"互联网+政务服务"平台共同参与社会管理、采纳政务决策、及时获得反馈、提高办事效率等。用户对于政务服务和政府门户网站的感知有用性将直接影响用户满意度，从而间接地影响用户的持续使用意向。综上，提出如下假设:

感知有用性（PU）直接正向影响满意度，间接正向影响持续使用意向。

（2）感知易用性的影响

感知易用性是指公众接受"互联网+"新技术、思维和服务的难易程度，从采纳渠道、获取个性化政务服务、一站式操作便利性等方面进行测算。"互联网+政务服务"是融合互联网技术和思维的一种新型公共服务模式，公众接受其服务的难易程度直接影响公众对"互联网+政务服务"的满意度。如果用户感觉到"互联网+政务服务"平台容易使用，那么他就会使用该平台。综上，提出如下假设：

感知易用性（PE）直接正向影响满意度，间接正向影响持续使用意向。

（3）感知质量的影响

"互联网+政务服务"的采纳研究结果表明网站的信息质量、系统质量、服务质量等都将会积极影响用户的满意度。"互联网+政务服务"重要的特征是以公众需求为中心，利用"互联网+"技术和思维提高服务质量，提高用户满意度。本书认为感知质量包括信息质量、服务质量以及系统质量。信息质量是信息服务的精确性、及时性以及大数据量是否能满足公众需求；服务质量是对公众请求及时反馈，以及不断改进服务手段和方式等；系统质量是互联网政务服务平台是否能够顺畅、及时、准确地为用户提供服务。用户在感知到"互联网+政务服务"质量后，会根据政务服务平台的服务效率和解决问题的能力进行心理期望和实际使用效果的比较，形成满意度，从而产生持续使用意向。感知服务质量与用户满意之间存在正相关关系。基于以上分析，提出以下假设：

感知质量（PQ）直接正向影响满意度，间接正向影响持续使用意向。

（4）用户满意度

用户满意度是用户根据使用服务平台的经验而对其形成的总体评价，是一种使用过程中累积的整体主观感受，评价具有总体性的特点决定了其和多种因素相关，用户的满意度会决定用户是否会再次使用该平台的服务。采纳研究领域中用户满意与用户使用意向的关系一直是研究热点，大量研究表明这二者是正相关的，而用户满意度会受到感知有用性、感知易用性、感知质量等多种因素的影响。Alruwaie 研究期望和满意度在影响公民持续使用电子政府服务的意图中的作用，指出“互联网+政务服务”的质量和一致性影响用户的期望和满意度，从而影响其持续使用。基于以上分析，对于“互联网+政务服务”，提出以下假设：

用户满意度（US）直接正向影响持续使用意向。

持续使用意向作为因变量频繁出现在研究政府网站服务、电子商务、社交媒体和在线教育学习平台等文献中，学者们借助于信任、期望确认、理性行为及创新扩散等理论工具，开展定性或定量研究，对持续使用意向的形成原因及相关影响因素进行探究。一般认为，持续使用意向会受到满意度、感知信任、感知易用性、服务质量、相对优势以及特殊的计算机自我效能等因素影响。这些文献对持续使用意向已经做出有益探索，为深入研究奠定良好基础。政务服务中心的宗旨是“以人民为中心”，最终目标是更好地服务社会公众。初次使用行为是公众采纳的直接反应，而持续使用意向才是公众满意和政务服务中心成功与否的关键指标。持续使用意向是指公众在政务服务中心申办事项之后，再次向政务服务中心申请服务的意愿。提升公众持续使用意向，不仅能有效地降低公众获取服务的成本，还有利于政务服务的集成。政务服务中心是政府各职能部门向社会提供政务服务的“主战场”，政务服务要想取得成功，就必须培养公务人员和社会公众的使用习惯，营造社会氛围，最大限度地发挥政务服务中心的应有价值。

Chapter 4

第4章

“互联网+政务服务”公众采纳实证

4.1
研究设计

4.1.1 研究方法与问卷设计

（1）研究方法的选择

本书根据 Hair 等人对研究方法选择的指南，采用定量统计与定性分析相结合的方法对公众采纳行为进行研究。定量方法是将所需要研究的问题抽象为特定变量和研究假设，并且采用量化样本数据的方式对相关理论进行验证。在社会科学领域中常用调查研究、经济计量学以及数学建模等定量研究方法。定性研究用以确定变量选择以及测量工具的合理性。社会科学领域的定性方法体现了解释主义的研究范式，用来解释社会现象和文化特征，通常使用观察、案例、文件记录、访谈以及研究者本身的感受等作为定性研究的数据来源。本书的实证分析部分结合问卷设计、调查与定量统计分析，采用 SPSS 和 LISREL 统计工具对数据进行分析，进行信度、效度和因子分析，验证研究模型中所提出的研究假设，识别公众采纳的影响因素，构建“互联网+政务”信息服务公众采纳模型。本书目的是识别公众采纳“互联网+政务服务”的影响因素，并构建公众采纳模型，采用调查研究作为主要的研究方法。

（2）问卷的设计

第 3 章提出了公众采纳模型与研究假设，本章根据研究目标设计符合本书调研需要的问卷，问卷设计遵循着逻辑性和合理性原则，以确保本次收集的样本数据的准确性和有效性。这个部分研究的是“互联网+政务服务”背景下公众采纳行为的产生因素和影响，根据前面第 2 章对公众对象进行问卷调查，收集用户采纳行为的影响因素。为了形成比较全面、完整的调查问卷，在设计问卷调查对象时还考虑了人群性别、年龄、受教育情况、就业情况等。本次问卷设计的过程也就是对采纳模型变量进行操作化的过程，将采纳模型中变量分解、细化成若干题项后形成研究问卷。为了确保问卷内容的易读性与有效性，问卷参考 Churchill 提出的量表开发原则，并结合当前中国“互联网+政务服务”特点和公众采纳行为特征，首先，对采纳模型相关变量进行定义，提出变量之间的关系假设。其次，设计测量题项，针对本次研究模型中的各个变量进行问卷题项的设计，一共设计了 51 个题项，第 51 个题项是“其他”，旨在让用户填写问卷中没有涉及的内容。然后对用户反馈较多的内容进行量化分析，判断是否影响用户采纳行为。然后进行因子分析，若因子载荷大于0.5则为主要影响因素，否则归纳到开放式采纳模型的其他因素。最后，征求有类似研究经验的同行和专家的意见，对问卷进行多次的修改和调整。

问卷第一部分：安徽省人民政府网站用户兴趣调查问卷表

说明："1"表示没有兴趣，"2"表示不关注，"3"表示有点兴趣，"4"表示感兴趣，"5"表示很感兴趣。

序号	类别	内容	得分
1	政务动态信息	政务快报、新闻发布、重要活动	1 2 3 4 5
2	政府职能机构	政府机构设置、政府领导、人事任免、直属事业单位	1 2 3 4 5
3	政策法规文件	公示公告、行政规章、政府文件、政策解读	1 2 3 4 5
4	社会经济发展	经济和社会发展规划、专项规划、五年规划、区域规划、相关政策	1 2 3 4 5
5	公共服务信息	价格与收费、高校信息、科技管理、医疗卫生、就业信息、社会保障	1 2 3 4 5
6	公共资源配置	征地信息、国有土地上房屋征收与补偿、矿业权出让、保障性住房、政府采购、工程建设项目	1 2 3 4 5
7	政府公报	国务院文件、省政府文件、省政府令、厅局文件、工作报告	1 2 3 4 5
8	财政资金信息	年度财政预算、年度财政决算、"三公"经费情况	1 2 3 4 5
9	公共监管信息	环境保护、安全生产、国企财务、食品药品安全、信用信息	1 2 3 4 5
10	应急管理	应急动态、应急法规、应急预案、应急常识、预警信息	1 2 3 4 5

问卷第二部分："互联网+政务服务"平台公众情况调查问卷表

说明："1"表示完全不同意，"2"表示不同意，"3"表示一般，"4"表示同意，"5"表示非常同意。

序号	标准	得分
1	我相信政府"互联网+政务服务"能力	1 2 3 4 5
2	我相信"互联网+政务服务"是坦诚的	1 2 3 4 5
3	我相信政府能够提供较高质量的"互联网+政务服务"质量	1 2 3 4 5
4	我对政府履行其服务职责情况的评价不错	1 2 3 4 5
5	我相信"互联网+政务服务"安全是可信的	1 2 3 4 5
6	我相信"互联网+政务服务"是遵守法律规章的	1 2 3 4 5

续表

序号	标准	得分
7	我相信“互联网+政务服务”平台的安全性、稳定性	1 2 3 4 5
8	我相信“互联网+”的环境和保护个人隐私	1 2 3 4 5
9	我了解“互联网+政务服务”平台的功能，并且知道使用该平台的好处	1 2 3 4 5
10	我信任“互联网+”技术和环境	1 2 3 4 5
11	我信赖“互联网+政务服务”	1 2 3 4 5
12	我采纳“互联网+政务服务”会受政府激励手段的影响	1 2 3 4 5
13	我采纳服务会受到周围群众及亲戚、朋友、同事等使用的影响	1 2 3 4 5
14	我受到新闻媒体报道影响，认为公众应该使用“互联网+政务服务”	1 2 3 4 5
15	我采纳服务会受到“互联网+”技术使用习惯的影响	1 2 3 4 5
16	我感受到了“互联网+”技术的开放性、共享性优势	1 2 3 4 5
17	我感受到了“互联网+政务服务”手段的高效、便捷性	1 2 3 4 5
18	我感受到了“互联网+政务服务”线上线下良好互动性	1 2 3 4 5
19	我感受到了“互联网+政务服务”的技术优势	1 2 3 4 5
20	“互联网+政务服务”提供方式符合我获取信息的方式	1 2 3 4 5
21	“互联网+政务服务”便利了我的生活	1 2 3 4 5
22	“互联网+政务服务”创新与我的价值观一致	1 2 3 4 5
23	“互联网+政务服务”平台能够为我提供有价值的信息	1 2 3 4 5
24	“互联网+政务服务”平台提供有效的交互方式，该平台有用	1 2 3 4 5
25	“互联网+政务服务”平台在线功能满足我的需求	1 2 3 4 5
26	“互联网+政务服务”在线服务能够提高我的办事效率	1 2 3 4 5
27	“互联网+政务服务”平台导航合理，操作简便	1 2 3 4 5
28	“互联网+政务服务”平台响应及时，运行稳定	1 2 3 4 5
29	“互网+政务服务”平台感觉简单易用	1 2 3 4 5
30	“互联网+政务服务”平台提供了个性化服务功能，界面美观大方	1 2 3 4 5
31	“互联网+政务服务”平台提供的信息精确，及时	1 2 3 4 5
32	“互联网+政务服务”平台提供的信息比较丰富	1 2 3 4 5
33	“互联网+政务服务”平台导航清晰，并且操作简单	1 2 3 4 5
34	“互联网+政务服务”质量满足需求	1 2 3 4 5
35	“互联网+政务服务”平台对我有用	1 2 3 4 5
36	“互联网+政务服务”平台比较容易使用	1 2 3 4 5
37	“互联网+政务”信息服务质量良好	1 2 3 4 5

续表

序号	标准	得分
38	我对“互联网+政务服务”平台提供的民生服务栏目感到满意	1 2 3 4 5
39	我对“互联网+政务服务”平台的使用经历感到满意	1 2 3 4 5
40	我认为“互联网+政务服务”平台主要是以电子政务站点的方式提供服务	1 2 3 4 5
41	我认为“互联网+政务服务”平台缺乏多样性	1 2 3 4 5
42	我比较满意“互联网+政务服务”平台服务效率	1 2 3 4 5
43	我信任政府提供的“互联网+政务服务”	1 2 3 4 5
44	我周围有很多人关注“互联网+政务服务”	1 2 3 4 5
45	我愿意尝试使用“互联网+政务服务”，即使不具备太多的网络知识和技能	1 2 3 4 5
46	我愿意使用“互联网+政务服务”信息浏览、参加问卷调查等功能	1 2 3 4 5
47	我愿意使用“互联网+政务服务”网上交税、审批、办证等相关业务服务	1 2 3 4 5
48	我愿意继续使用“互联网+政务服务”	1 2 3 4 5
49	我愿意继续在“互联网+政务服务”平台办理相关事项	1 2 3 4 5
50	我将持续使用“互联网+政务服务”网上交税、审批、办证等相关业务	1 2 3 4 5
51	其他因素：（如果有没有列出的因素，您可以写入其他一栏）	1 2 3 4 5

*问卷部分到此结束，谢谢您的参与！

（3）研究对象——政府网站公众采纳研究

“互联网+”时代，为了向广大群众提供优质、高效的基本公共服务，我国政府适时提出推进“互联网+政务服务”建设的政府工作任务，推进网上开展政务的尝试，以“互联网+政务服务”系统的方式推送政府服务项目，给人们带来了不少方便。目前我国的“互联网+政务服务”处于建设初始阶段，“互联网+政务服务”是电子政务发展的新模式，因此，本实证研究借助目前已有的电子政务网站作为研究对象，应用采纳模型研究“互联网+政务服务”公众采纳行为。在中国众多的政府“互联网+政务服务”网站中，笔者选择了安徽省人民政府网站作为研究对象，研究公众采纳行为的影响因素。安徽省人民政府网站提供的政务信息和服务内容比较丰富具体，贴近公众生活。

4.1.2 变量定义与测量

本实例是以安徽省人民政府网为研究对象，分析公众采纳政府网站的影响因素，主要从感知信任、外部环境、用户满意度三个方面展开测量，自变量包括了政府公信力、互联网信任、社会影响、技术优势、相容性、感知有用性、感知易用性、感知质量等因素。因变量包括政府满意度、初始接受意向、持续使用意向等因素，对各变量的定义与测量如下:

（1）感知信任的测量

本书认为感知信任为“互联网+政务服务”能力的总体信任，包括对政府公信力和对互联网信任这两个变量，其中政府公信力为对政府公共服务能力、执行力和坦诚方面的信任，互联网信任为对互联网服务机制、法律规章、安全架构等方面的信任。政府公信力和互联网信任的题项借鉴 Belanger、Teo 等人研究中的测量方法，本书的感知信任题项如表 4.1 所示。

表 4.1　感知信任及其前因的测量

研究变量	编码	测量题项	来源文献
对政府的信任（TG）	TG1	对政府“互联网+政务服务”能力和坦诚的信任	Tan，Benbasat，et al.，2008；陈明亮，马庆国等，2009
	TG2	对“互联网+政务服务”质量和效率的信赖	
	TG3	对政府履行其职责情况的评价	
对“互联网+”的信任（TI）	TI1	对“互联网+”的安全架构和法律规章的信任	Im，Cho，et al.，2014
	TI2	对“互联网+政务服务”平台的安全性、稳定性的信任	
	TI3	对“互联网+”的环境和保护个人隐私的信任	
感知信任（PT）	PT1	对政府“互联网+政务服务”能力的信赖	Topal，Yıldız，2016；Srivastava，Thompson，et al.，2017
	PT2	对“互联网+”技术和环境的信任	
	PT3	对“互联网+政务服务”的信赖	

（2）外部环境的测量

网络外部性就是用户在使用某种服务、产品时受到其他用户的影响而产生效用，相关测量题项如表 4.2 所示。针对“互联网+政务服务”，如果越来越多的用户使用该服务，那么用户个人就会受其影响，倾向于使用这种服务。“互联网+政务服务”价值与使用该服务的用户数量成正比，越多用户使用该服务，用户个人所获得的信息和服务价值就会越大。

表 4.2　外部环境及其前因的测量

研究变量	编码	测量题项	来源文献
社会影响（SI）	SI1	采纳“互联网+政务服务”受政府的激励手段的影响	Al-Shafi，Weerakkody，2010
	SI2	采纳受到“互联网+政务服务”氛围的影响	
	SI3	采纳受到周围群众及亲戚、朋友、同事等影响	
	SI4	采纳受到“互联网+”技术使用习惯的影响	
技术优势（TS）	TS1	感受到“互联网+”技术的开放性、共享性优势	Pae，Hyun，2002；Zhang，Xu，2011；Chun，Hahn，2013
	TS2	感受到“互联网+政务服务”手段的高效、便捷性	
	TS3	感受到“互联网+政务服务”线上线下良好互动性	
	TS4	感受到“互联网+政务服务”的技术优势	
相容性（CC）	CC1	“互联网+政务服务”提供方式符合我获取信息的方式	Mofleh，Wanous，2009；廖敏慧，严中华等，2015
	CC2	“互联网+政务服务”便利我的生活	
	CC3	“互联网+政务服务”创新与我的价值观一致	

（3）用户满意度的测量

用户满意度是指用户对使用“互联网+政务服务”平台或者政府门户网站的经历做出整体性评价后形成的满足程度。在用户满意度研究上，市场营销和信息管理领域都做了大量的研究，用户满意度的测量包括感知有用性、感知易用性以及感知质量。Zeithaml 等人将感知质量定义为在“互联网+政务”信息服务平台以及政府门户网站整个使用过程中，用户对政务服务质量的总体判断。用户满意度测量题项如表 4.3 所示。

表 4.3　用户满意度的测量

研究变量	编码	测量题项	来源文献
感知有用性（PU）	PU1	“互联网+政务服务”平台能够提供有价值的信息	朱多刚，2012
	PU2	“互联网+政务服务”平台在线功能满足需求	
	PU3	“互联网+政务服务”在线能够提高办事效率	
感知易用性（PE）	PE1	“互联网+政务服务”平台导航合理，操作简便	赵玉攀，杨兰蓉，2015
	PE2	“互联网+政务服务”平台响应及时，运行稳定	
	PE3	“互网+政务服务”平台感觉简单易用	

续表

研究变量	编码	测量题项	来源文献
感知质量（PQ）	PQ1	“互联网+政务服务”平台提供的信息精确，及时	Zhang，Xu，2011
	PQ2	“互联网+政务服务”平台提供的信息比较丰富	
	PQ3	“互联网+政务服务”提供的信息对我有用，并且操作简单	
	PQ4	“互联网+政务服务”质量满足需求	
用户满意度（US）	US1	“互联网+政务服务”的有用性以及平台的易用性	Byun，2011；Alruwaie，2012；Aldabbas，2013
	US2	“互联网+政务服务”质量良好	
	US3	比较满意“互联网+政务服务”	

（4）初始接受意向的测量

“互联网+政务服务”首先要让用户从观念上认知并且产生接受理念，然后愿意通过服务平台使用这种服务方式，这是“互联网+政务服务”采纳心理阶段Ⅰ的关键性问题。用户只有在思想上认同这种服务，才会尝试使用“互联网+政务服务”平台或者政府门户网站。本书需要解决的问题是如何判断、分析在这个阶段公众采纳“互联网+政务服务”的影响因素，进而采取有效的方法完善服务平台。初始接受意向的测量共包括3个题项，如表4.4所示。

表4.4 本书中初始接受意向的测量

研究变量	编码	测量题项	来源文献
初始接受意向（IA）	IA1	信任政府提供的“互联网+政务服务”	汤志伟，龚泽鹏等，2017；陈晓春，赵珊珊等，2016
	IA2	周围是否有人关注“互联网+政务服务”	
	IA3	愿意使用“互联网+政务服务”网上交税、审批、办证等相关业务服务	

（5）持续使用意向的测量

本书在采纳心理阶段Ⅱ分析“互联网+政务服务”公众采纳的持续使用意向，用户首先从思想上认知“互联网+政务服务”，并且乐于接受才能产生持续使用意向，持续使用意向也是公众采纳服务的主观意愿强度，用户持续使用“互联网+政务服务”平台办理各项事务，例如网上咨询、网上信息浏览、表格下载、网上交税、网上办证、网上审批等各项业务。本书根据Roca等人的研究，提出持续使用意向测量题项如表4.5所示。

表 4.5　持续使用意向的测量

研究变量	编码	测量题项	来源文献
持续使用意向（CA）	CA1	愿意继续使用“互联网+政务”服务	Roca et al.，2006；朱多刚，2012；汤志伟，龚泽鹏等，2016
	CA2	愿意继续在“互联网+政务”服务平台办理相关事项	
	CA3	持续使用“互联网+政务”网上交税、审批、办证等相关业务	

4.1.3　样本和数据收集

本章主要对收集到的问卷样本数据进行分析，首先对数据进行信度和效度检验，具体包括内部一致性检验、区别有效性检验和收敛有效性检验；然后进行验证性因子分析；最后进行结构模型分析和假设验证。

此项调查问卷主要有三个部分，第一部分是关于受访者的个人信息情况，包括性别、职业、教育程度等信息；第二部分是安徽省人民政府网站用户兴趣调查问卷，此项调查旨在系统地了解社会公众对政府信息的需求以及感兴趣程度，共计 10 个问题；第三部分是“互联网+政务服务”公众采纳情况调查问卷。本调查旨在了解“互联网+政务服务”公众采纳行为的影响因素的调查，共计 51 个问题。

本实例采用数理统计和问卷调查法进行数据分析，问卷题项根据 Likert 量表方式设计，要求受访者针对调查的问题表明自己的态度和真实想法，采用 1~5 分制评分：“1”表示完全没兴趣（完全不同意），“2”表示不关注（不同意），“3”表示有点兴趣（一般），“4”表示感兴趣（同意），“5”表示很感兴趣（非常同意）。问卷设计时考虑到受访者个性特征对采纳行为会有一定影响，所以从不同范围选择调查对象，如受访者的性别、职业以及受教育程度的情况等。

4.2
数据分析

本书的数据部分首先通过 SPSS 工具进行信度和效度分析，其分析目的是确保样本数据的可靠性和有效性；然后对数据进行因子分析，证明所用调查问卷是否具有较好的收敛效度和区别效度；最后做结构方程模型分析与假设检验，验证所提出的假设，得到科学的分析结果。

4.2.1 信度和效度分析

（1）信度分析

本调查问卷的信度检验采用 Cronbach' s Alpha 系数方法，专门针对 Likert 式量表的信度检验，这是当前社会科学领域研究中最常用的检验方法之一。信度分析是在模型拟合前检验数据的可靠性，一般采用 Cronbach' s Alpha 内部一致性系数进行信度检验，其中 Cronbach' s Alpha 的取值范围为 0~1，信度越高表示测量质变的共同编译量越大，则问卷的信度越高。本问卷的检验过程是先计算 CITC 值，当该值小于 0.5 时则删去指标；若删除该项后 Cronbach' s Alpha 值增大在 0.6 以上，则说明该指标的可靠性可以接受。本书利用 SPSS 工具对样本数据进行统计，先对采纳心理阶段 I 的政府公信力、互联网信任、社会影响、技术优势等相关题项进行信度分析，剔除 CITC 值小于 0.5 的指标题项后，采纳心理阶段 I 其他题项 Cronbach' s Alpha 值均大于 0.6；接着对采纳心理阶段 II 的感知易用性、感知有用性、满意度等相关题项进行信度分析，相关题项通过 CITC 值净化后的 Cronbach' s Alpha 值都大于 0.6；问卷采纳心理阶段 I 和采纳心理阶段 II 的整体 Cronbach' s Alpha 值分别高达 0.912、0.924，说明样本数据可靠性良好，信度测量结果如表 4.6 所示。

表 4.6　采纳心理阶段 I、II 信度分析

阶段	量表	Cronbach's Alpha	项数	总体
采纳阶段 I	政府公信力	0.830	3	0.912
	互联网信任	0.785	3	
	社会影响	0.895	4	
	技术优势	0.799	4	
	初始接受意向	0.704	3	
采纳阶段 II	感知易用性	0.630	3	0.924
	感知有用性	0.762	3	
	感知质量	0.736	4	
	满意度	0.735	3	
	持续使用意向	0.740	3	

（2）效度分析

本书所开发的调查问卷参考了“互联网+政务服务”的理论研究和“互联

网+政务服务”前沿的学术研究，还有公众采纳的相关基础模型理论、信任理论、系统持续理论等，保证问卷题项的科学性和合理性。本问卷数据先做效度分析，这样才能确保问卷数据的有效性。效度分析主要是指所采用相关测量方法或手段来表达测量对象的有效程度，测量结果与要考察的内容越一致，则检测的效度值越高。本实例采用内容效度和结构效度方法对问卷数据进行有效性分析，内容效度反映量表内容与测量概念之间的相差程度，主要用于测量问卷量表的有效性和准确性。结构效度主要测量实际设计到目标理论结构的程度，研究过程中利用因子分析来衡量问卷的结构效度，采用 KMO 和 Bartlett 的球形检验方法来检验测量对象能否进行因子分析。

根据相关文献以及 Hail 等人的建议，如果 KMO 值大于 0.5 并且 Bartlett 球形检验显著时，则表明数据因子分析的结果是可以接受的。如果效度分析 KMO 值小于 0.5，或 Bartlett 球形检验没有达到显著时，则表明样本数据并不适合做因子分析。本书通过 SPSS 工具分析问卷数据的效度，分析结果如下，公众采纳心理阶段Ⅰ的 KMO 测量值为 0.949，公众采纳心理阶段Ⅱ的 KMO 测量值为 0.927，大于 Hail 等人建议的 0.5，表明本问卷数据适合做因子分析。此外，采纳心理阶段Ⅰ和Ⅱ的 Bartlett 球形检验的卡方值为分别 4357.296（自由度为 190）、7937.058（自由度为 820），Bartett 的球形度检验是 0.000<0.01，表明本问卷数据相关性较好，可以进行因子分析，检验结果如下表 4.7、表 4.8 所示。

表 4.7 采纳心理阶段 I KMO、Bartlett 检验

取样足够度的 Kaiser-Meyer-Olkin 度量		0.949
Bartlett 的球形度检验	近似卡方	4357.296
	df	190
	Sig.	0.000

表 4.8 采纳心理阶段 II KMO、Bartlett 检验

取样足够度的 Kaiser-Meyer-Olkin 度量		0.927
Bartlett 的球形度检验	近似卡方	7937.058
	df	820
	Sig.	0.000

4.2.2 验证性因子分析

本实例采用主成分分析方法，通过 SPSS 工具筛选最终因子题项，把因子载荷值大于 1 的题项或者小于 0.5 的题项删除，并且排除仅拥有单一题项的因子。研究过程中采用最大方差转轴法进行探索性因子分析，得出各变量旋转后的因子载荷。为了确保调查问卷的效度，笔者已将问卷中因子载荷系数小于 0.5 的相容性题项剔除，使得问卷各测量题项的因子载荷系数均高于 0.5，最终采纳心理阶段 I 和 II 各因子载荷如表 4.9 和表 4.10 所示。

表 4.9 初始接受阶段主成分因子载荷

潜在变量	题项	因子载荷	潜在变量	题项	因子载荷
政府公信力	TG1	0.882	互联网信任	TI1	0.726
	TG2	0.713		TI2	0.903
	TG3	0.697		TI3	0.901
社会影响	SI1	0.845	技术优势	TS1	0.604
	SI2	0.740		TS2	0.593
	SI3	0.826		TS3	0.686
	SI4	0.844		TS4	0.715
初始接受意向	IA1	0.864			
	IA2	0.602			
	IA3	0.884			

表 4.10 持续使用阶段主成分因子载荷

潜在变量	题项	因子载荷	潜在变量	题项	因子载荷
感知易用性	PE1	0.889	感知有用性	PU1	0.848
	PE2	0.592		PU2	0.818
	PE3	0.721		PU3	0.821
感知质量	PQ1	0.569	满意度	US1	0.744
	PQ2	0.721		US2	0.638
	PQ3	0.729		US3	0.506
	PQ4	0.854			
持续使用意向	CA1	0.882			
	CA2	0.771			
	CA3	0.679			

采纳心理阶段Ⅰ主成分因子载荷的表4.9中，TG1~TG3、TI1~TI3是感知信任的6个测量指标，SI1~SI4、TS1~TS4是外部环境的8个测量指标；采纳心理阶段Ⅱ主成分因子载荷的表4.10中，PE1~PE3是感知易用性的测试指标，PU1~PU3是感知有用性测量指标，PQ1~PQ4是感知质量测量指标，US1~US3是用户满意度的测量指标。问卷样本中所列的测量题项的因子载荷系数均大于0.5，说明了问卷数据具有良好的收敛效度。

4.2.3 结构模型分析与假设检验

（1）相关性分析

相关性分析是指对变量之间的某种依存关系进行分析，并且衡量其相关程度。相关分析包括距离分析、线性相关分析和偏相关分析等类型。本书采用线性相关分析，主要用来研究假设变量之间线性相关的程度，其相关程度用相关系数来度量，分成正相关和负相关两种类型。相关性系数在0~0.09表示无相关性，0.1~0.3表示弱相关，0.3~0.5表示中等相关，0.5~1.0表示强相关。相关性的强弱不仅看系数的大小，还需要做显著性差异来检验两组数据是否显著相关。相关性和样本数目有关，如果样本数变大，比如说超过300，那么需要达到显著性相关系数就会变小，但显著性检验却认为这是极其显著的相关。

本书采用了Pearson相关系数来分析采纳心理阶段Ⅰ影响因素的相关性，采纳心理阶段Ⅰ主要有用户初始接受意向（IA）、政府公信力（TG）、互联网信任（TI）、社会影响（SI）、技术优势（TS）等影响因素，本次统计分析模型中所提出的各影响因素（社会影响、技术优势、政府公信力、互联网信任）与用户初始接受之间的相关系数为0.3~0.6，其系数水平上显著表明它们具有正向相关性，初步验证文中所提出的假设，其相关系数如表4.11所示。

表4.11 采纳心理阶段Ⅰ相关性分析

心理阶段	相关性	TG	TI	SI	TS
初始接受阶段（IA）	Pearson 相关性	0.498**	0.434**	0.424**	0.541**
	显著性（双侧）	0.000	0.000	0.000	0.000
	N	680	680	680	680

注：**为在0.01水平（双侧）上显著相关。

采纳心理阶段Ⅱ主要研究持续使用意向（CA）与感知有用性（PU）、感知易用性（PE）、感知质量（PQ）、满意度（US）之间的相关性。由统计结果可知模型中所提出的各影响因素相关系数为0.3~0.5，说明感知有用性、易用性、感知质量、满意度与用户持续使用意向的存在显著水平上呈正向相关，初步验证文中所提出的假设，如表4.12所示。

表4.12　采纳心理阶段Ⅱ相关性分析

心理阶段	相关性	PU	PE	PQ	US
持续使用阶段（CA）	Pearson 相关性	0.326**	0.345**	0.348**	0.397**
	显著性（双侧）	0.000	0.000	0.000	0.000
	N	680	680	680	680

注：**为在0.01水平（双侧）上显著相关。

通过以上相关性分析，确认公众采纳过程中公众采纳行为的影响因素与初始接受意向、持续使用意向之间的相关性，仅仅通过相关性分析并不能保证它们之间的关系是否依然显著，尤其是在采纳模型中它们之间的相关程度需要进一步分析，因此，可以借助多元线性回归来分析采纳模型中影响变量之间的相互关系，确定模型中变量之间是否存在相关关系，以及相关的强度和方向。

（2）多元线性回归分析

回归分析在统计分析领域中运用非常广泛，多元回归分析是指一种社会现象通常与多个影响因素相联系，也就是说一个因变量通常是由多个自变量来预测或者估计的，比只被一个自变量预测或者估计更有效，更符合对现象的解释。本实证研究在相关性分析的基础上，结合多元线性回归分析对采纳模型中变量之间的依赖关系进行定量，并且确定变量之间的相关强度和方向，即进一步确定采纳模型中政府公信力、互联网信任、社会影响、技术优势等因素对用户初始接受意向产生的影响强度，以及感知有用性、感知易用性、感知质量、满意度对用户持续使用意向所产生的影响强度。

线性回归中自变量之间存在高度相关关系就会导致回归模型估计失真或不准确，导致多重共线性问题。本实例研究分析为了避免产生多种共线性问题，首先对样本自变量之间的多重共线性关系进行了检测，然后分析各自变量对因变量的影响强度。基于共线性检测标准，本书中回归模型 DW 统计量为 1.750（见表 4.13），接近标准值 2，并且政府公信力、互联网信任、社会影响、技术优势自变量的容差均大于 0.1，VIF 均小于 10（见表 4.14），说明本模型没有多重共线性问题。

表 4.13　采纳心理阶段 I 模型汇总①

模型	R	R^2	调整 R^2	标准估计的误差	Durbin-Watson
1	0.598②	0.358	0.354	0.54790	1.750

① 因变量：采纳心理阶段 I 初始接受阶段（IA）；

② 预测变量（常量）：政府公信力、互联网信任、社会影响、技术优势。

表 4.14　采纳心理阶段 I 系数①

模型		非标准化系数		标准系数	t	Sig.	共线性统计量	
		B	标准误差	试用版			容差	VIF
1	（常量）	1.123	0.122	—	9.230	0.000	—	—
	TG	0.143	0.040	0.156	3.616	0.000	0.509	1.963
	TI	0.107	0.031	0.137	3.408	0.001	0.587	1.705
	SI	0.059	0.049	0.062	1.202	0.230	0.354	2.826
	TS	0.372	0.044	0.372	8.451	0.000	0.491	2.037

① 因变量：采纳心理阶段 I 初始接受阶段（IA）。

公众采纳心理阶段 I：由表 4.14 的数据可以得出回归模型中采纳行为的影响因素与公众采纳意向的相关系数及其显著性。因此，政府公信力、互联网信任、社会影响、技术优势四个影响因素对公众采纳意向的影响作用得到了实证数据的支持。在“互联网+政务服务”的初始接受阶段，“互联网+”背景下技术优势（TS）是对初始接受意向的影响因素中影响系数最大、显著性最高的因素，达到了显著性水平，表明技术优势对公众初始接受互联网意向有很大的影响。政府公信力、互联网信任对初始接受意向的影响也比较大，表明感知信任的建立对用户是否接受政务服务会产生较大影响。随着“互联网+”技术的快速发展，网络安全问题也日益突出，也是影响着公众采纳行为的重要因素。政府在促进

“互联网+政务服务”发展过程中需要不断提升自身形象、加强互联网信息安全和道德规范建设，增加用户对“互联网+政务服务”外部环境的信任。

由表 4.15 和表 4.16 中数据可知，采纳心理阶段Ⅱ模型的统计量为 1.614，比较接近标准值 2，并且感知有用性、感知易用性、感知质量、满意度的容差均大于 0.1，VIF 均小于 10，说明本回归模型没有多重共线性问题。

表 4.15　采纳心理阶段Ⅱ模型汇总①

模型	R	R^2	调整 R^2	标准估计的误差	Durbin-Watson
1	0.432②	0.187	0.182	0.59885	1.614

① 因变量：采纳心理阶段Ⅱ持续使用阶段；

② 预测变量（常量）：感知有用性、感知易用性、感知质量、满意度。

表 4.16　采纳心理阶段Ⅱ系数①

模型		非标准化系数		标准系数	t	Sig.	共线性统计量	
		B	标准误差	试用版			容差	VIF
1	（常量）	1.123	0.122	—	9.230	0.000	—	—
	PU	0.036	0.046	0.043	0.787	0.432	0.398	2.515
	PE	0.074	0.046	0.082	1.612	0.107	0.470	2.128
	PQ	0.106	0.035	0.140	3.006	0.003	0.557	1.796
	US	0.239	0.050	0.247	4.743	0.000	0.445	2.247

① 因变量：采纳心理阶段Ⅱ持续使用阶段（CA）。

公众采纳心理阶段Ⅱ：由表 4.16 数据可以得出用户满意度是所有影响因素中影响系数最大、显著性最高的因素，表明满意度正向影响公众持续使用意向，如果满意度越高，那么公众持续采纳互联网政务的意向就会越强烈。用户满意是一种累积满意，用户根据个人使用的经验而对使用对象产生评价，然后决定是否继续使用该服务以及平台。感知质量的影响系数较大，说明感知质量直接影响公众满意度，间接影响公众持续使用意向。感知易用性和有用性相对于采纳模型用户满意度影响因素要小一些，但是相比其他影响因素其影响度依然很大，说明公众在选择“互联网+政务服务”平台时最关注的还是它的实用性和受益性，以及平台的易用性。

（3）结构方程分析模型

本次研究模型通过以上多元线性回归分析得到了较好的验证，然而多元线性回归方法是针对单因变量、多自变量进行的分析，在计算回归系数时是针对每个因变量进行的逐一计算，没有注意到其他因变量的存在及其影响。而在本书中涉及了多个自变量与多个因变量之间的关系，并且一个因变量针对另外一个影响因素来说又是自变量，例如用户满意度是感知质量的因变量，却是用户持续采纳的自变量。介于以上问题，本实证研究进一步采用结构方程对构建的采纳模型进行验证。通过结构方程能够处理观测变量与潜在变量之间的关系，以及潜变量之间的路径关系。处理过程中不仅可以估计每一路径的强弱，还可以计算不同模型对于同一个样本数据的整体拟合程度，以便找出最接近数据所呈现关系的模型，进而对模型进行修正与优化。本书中的采用的结构方程模型主要遵循以下几个步骤：首先进行模型假定，模型设定主要包括显变量与潜变量的设定和变量之间的关系设定；其次选择建模方法，本书采用偏最小二乘法，在保证最大拟合情况下，计算出模型参数的估计值(包括绝对拟合和相对拟合)；接着进行模型估计，本书采用潜在变量的组合信度分析方法；最后进行模型评

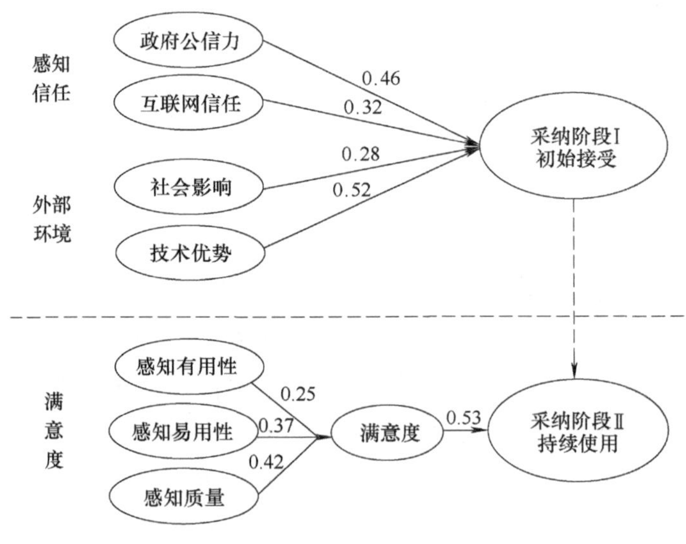

图 4.1　公众采纳行为的路径系数

价（当模型评价不通过时候，进行模型修正）。

本实例研究利用软件 LISREL 工具进行结构方程模型分析，分别对采纳心理阶段Ⅰ、采纳心理阶段Ⅱ各潜在变量进行路径分析，得出"互联网+政务服务"公众采纳假设模型中的路径系数，如图 4.1 所示。

本模型拟合效果的评价采用结构方程的相关指标：规范拟合指数 NFI（Normed Fit Index）、增值拟合指数 IFI（Incremental Fit Index）、比较拟合指数 CFI（Comparative Fit Index）、近似均方根残差 RMSEA（Root Mean Square Error of Approximation）、非范拟合指数 NNFI（Non-Normed Fit Index）、调整后的拟合优度指数 AGFI（Adjusted Goodness-of-Fit Index），本模型的各拟合指数的评价值如表 4.17 所示。

表 4.17　采纳阶段模型拟合指数

项目	NFI	IFI	CFI	RMSEA	NNFI	AGFI
标准值	>0.90	>0.90	>0.90	<0.08	>0.90	>0.80
采纳心理阶段Ⅰ	0.95	0.98	0.94	0.075	0.96	0.85
采纳心理阶段Ⅱ	0.91	0.97	0.92	0.069	0.93	0.89

从以上模型的拟合指数来看，各评价指标都达到了临界值的要求，证明本次模型的检验结果是有效的。对于前文所提出的假设，除"相容性"对移动政务初始接受存在正相关影响未得到验证外，其他假设均得到了验证。验证结果分析：在"互联网+政务服务"的采纳阶段，"互联网+"背景下技术优势对初始接受意向的路径系数为 0.52，表明技术优势对公众初始接受互联网意向有很大的影响；政府公信力、互联网信任对初始接受意向的路径系数分别为 0.46、0.32，表明感知信任的建立对公众是否接受移动政务产生较大影响；另外，社会影响对公众接受互联网政务也产生一定的影响。在"互联网+政务服务"的采纳心理阶段Ⅱ，公众满意度对持续使用意向的路径系数为 0.53，表明满意度正向影响公众持续使用意向，如果满意度越高，那么公众持续采纳互联网政务的意向就会越强烈；感知质量的路径系数为 0.42，直接影响公众满意度，间接影响公众持续使用意向。

4.3
结果分析

“互联网+政务服务”公众采纳过程为用户初始接受和用户持续使用两个阶段。本书首先从感知信任、环境特征方面分析采纳心理阶段Ⅰ用户初始接受过程中公众采纳的影响因素，然后从公众满意度方面分析采纳心理阶段Ⅱ用户持续使用过程中公众采纳的影响因素，分析不同阶段公众采纳意向的关键影响因素。

4.3.1 用户初始接受意向

感知信任方面：政府公信力、互联网信任对初始接受意向的正向影响均显著，路径系数分别为0.46、0.32，表明采纳模型中政府公信力、互联网信任因素正向影响公众采纳意向。政府公信力主要表现在政府提供服务能力和态度两个方面，如果政府从用户需求角度出发为公众提供足够的服务，则会赢得公众的信任。

互联网的信任是指用户对服务平台的数据的安全性措施、平台的稳定性、整体的架构性能等问题的信任情况。其中最突出的是对用户个人数据安全的信任，因为“互联网+政务服务”过程中不可避免地需要用户提交私人信息，有些甚至是极其重要的私密信息，互联网环境的网络互联特性决定了互联网必然存在不安全因素，用户担心个人数据的泄露问题。如果用户信任互联网环境，那么也会信任“互联网+政务服务”平台所提供的服务，从而积极办理各项事务或者提交个人表格信息。如果用户对互联网的信任度低，就会降低其对“互联网+政务服务”的采纳意愿。在“互联网+”信息技术高速发展的当下，无论是从保护公众私密数据的角度，还是从赢取公众的信任角度，政府都要将政务服务平台的信息安全建设作为重中之重的问题对待，在平台建设规划阶段就要从硬件保障、软件架构设计方面首先保证平台的安全性，如确保硬件长时间正常稳定运行，软件上要保证关键数据的足够备份且不会外泄，有足够的防范措施及异常情况的处置能力，等等。

加强互联网思维的服务理念可以同时赢取公众的政府公信力和互联网信任，

通过宣传等手段让公众了解政务服务平台的服务能力，通过培训等手段让公众掌握便捷高效接受平台服务的知识能力。与此同时，要加强后台的服务办事能力保障，要能高效办理网上的政务服务申请，强化服务平台的信息发布、在线办事、互动回应等服务的及时性、有效性，加强服务平台的管理等措施提高政府公信力以及公众对互联网政务的信任。只有让用户相信“互联网+政务服务”平台既安全可靠，又真正能办成事，公众才会愿意采纳“互联网+政务服务”平台的服务。

外部环境方面：社会影响、技术优势对用户初始接受意向的正向影响也比较显著，路径系数分别为 0.28、0.52，其中技术优势对公众初始接受互联网意向有很大的影响。“互联网+”技术的开放性和共享性等特征为公众提供便捷的“互联网+政务服务”，公众使用互联网信息技术已经成为一种生活习惯。政府需要顺应信息社会发展和用户使用需求，通过互联网技术改造现有的“互联网+政务服务”，实现不同部门、区域、行业之间政务信息的资源开放、共享，利用政务服务平台的实现良性互动的 O2O 模式，促进网上办事与网下办事相辅相成，使得用户乐于接受并且采纳“互联网+政务服务”。公众采纳还受到周围环境影响，如果用户周围的人群很多都在使用该服务，那么用户的初始接受意向也会受到影响，因此，政府应该增大对“互联网+政务服务”的宣传，通过降低使用成本和风险性等措施来提高用户对“互联网+政务服务”的认知，增强用户对“互联网+政务服务”的参与意识，引导公众采纳政务服务。

4.3.2 用户持续使用意向

对于“互联网+政务服务”来说，用户第二阶段的采纳比第一阶段更重要，决定着“互联网+政务服务”的成败。用户的首次采纳多是出于好奇和尝试，如果使用户感知到政务服务提升了自己的生活和工作效率，会再次或多次使用。用户能否持续采纳“互联网+政务服务”，使得“互联网+政务服务”的优势充分发挥，取决于政务服务质量。实证研究结果表明决定用户持续使用意向的因素有感知有用性、感知易用性、感知质量、用户满意度，路径系数分别是 0.25、0.37、0.42、0.53，这些因素都对持续使用意向的正向影响比较显著，其中用户满意度的影响最大。政府需要在设计、实施“互联网+政务服务”时强化“以用户为中心”的服务理念，以让公众满意为一切工作的出发点。首先要梳理整合政务服务项目，使得能上网办理的服务项目全部上网以方便公众，这样公众办理政务的时候第一选择就是上网查看能否网上办理。其次，要整合政府资源、组织和流程打破部门界限，优化办事流程，以充分利用互联网能瞬时对接的优势高效完成政府服务，让公众感受到网络办理政务比窗口办理更方便高效。最后，制定网络服务的后台工作人员的工作规范，确保信息发布规范，用户服务申请回应及时准确，以及在各个服务流程中办理业务及时，因各种因素不能办理的要及时反馈告知原因，并保持沟通过程愉悦性，要使得服务流程在网上公开化、透明化，让用户随时可以了解申请办理的进展情况。

通过对安徽省人民政府网站公众采纳的实例分析，用户感知有用性、感知易用性、感知质量直接正向影响用户满意度。感知有用性的重点是在有用，要让公众通过平台能办成事情，让公众感受到“互联网+政务服务”平台给其学习生活带来的便利。要提高用户的感知有用性，需要提高“互联网+政务服务”平台上的信息质量和服务质量，在推送服务项目的时候可以围绕用户日常政务需求展开在线服务，并保证这些高使用率的服务项目的能高效快捷地完成，在此基础上扩大服务范围，进一步可以考虑公众的差异化服务要求，深化服务内容，针对不同的群体提供个性化的服务（如语音服务，视频服务，等等），让特殊的人群也能感知到服务平台的有用性。感知易用性的重点在于“互联网+政务”服务平台要简单易于操作，要易于学习和易于掌握。硬件方面要保证平台的畅通运行，软件设计上要让服务界面实用简洁，要管控服务平台的信息，保证平台所发布的信息及时准确完整。公众采纳心理阶段Ⅱ也是用户持续使用意向过程，用户的持续使用主要在于“互联网+政务”信息服务的成功。因此，政府需要采取有效措施促进“互联网+政务”信息服务水平不断提高，让更多用户参与到“互联网+政务服务”平台建设当中，能够持续采纳“互联网+政务”信息服务。

4.3.3 开放式采纳模型的迭代应用

利用本书所提出的开放式采纳模型分析“互联网+政务服务”平台，可以获知影响公众采纳该服务平台的影响因素，进而对平台改善提出指导性建议。当服务平台改进后，如果再次用采纳模型分析该平台的公众采纳，影响公众采纳的主要因素可能会发生变化，即上次分析结果中的主要影响因素可能会变成次要影响因素，而上次分析过程中的一些次要影响因素有可能会上升为这次分析的主要影响因素，根据这次使用采纳模型获得分析结果去指导服务平台改进，可以促进网站的进一步完善。如此不断地迭代使用开放式采纳模型，可以使服务平台不断完善，服务水平不断提高。

本章通过数据分析用户采纳行为的影响因素，影响变量与开始假设稍微有些不同，相容性的因子载荷系数低于 0.5，从主要因素转变为非主要因素，归纳到其他方面之中。问卷调查“其他”一栏中用户反馈“共享性”较多，通过因子分析该变量的相关题项具有关联性，并且影响用户初始接受意向，具有正向相关性。共享性是影响用户采纳行为的主要因素之一，开放式采纳模型的影响变量调整后如图 4.2 所示。针对此次分析结果对政府服务平台以及网站提出修改

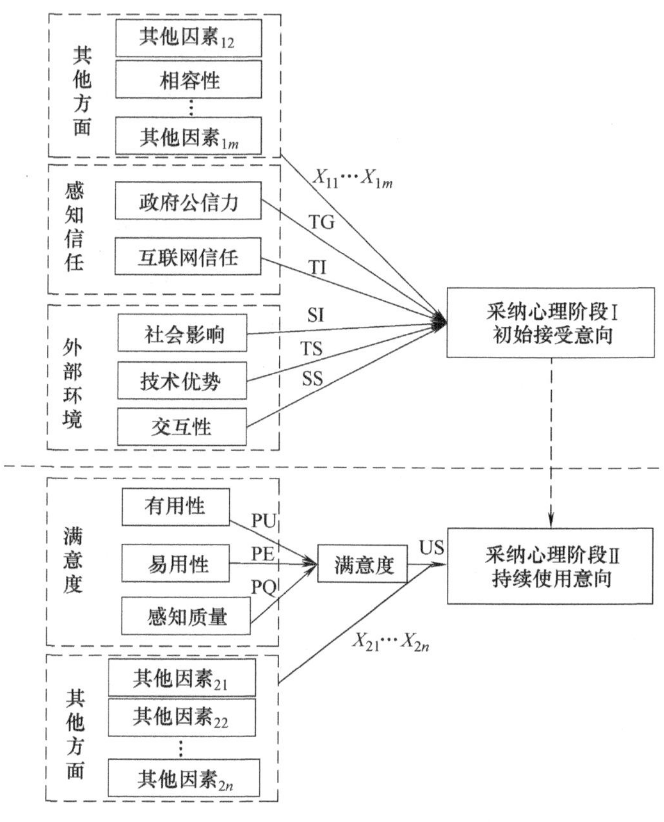

图 4.2　开放式采纳模型的迭代应用

完善建议，如利用“互联网+”技术提供多种服务手段，建立政务网站、移动“互联网+政务服务”平台、政府微博和微信等多种服务平台，及时提供用户所需的交通、应急动态信息，推出医疗、社保、资源配置等服务项目，并且将这些涉及民生的公共服务应用集中在互联网 O2O 服务平台上，面向用户需求建立统一的政府业务服务开放平台，打破部门利益格局，突破条块分割的窠臼，真正实现不同部门、区域和行业之间的资源开放共享，不断提高公众采纳。

通过开放式采纳模型分析，不同时期用户采纳行为的影响因素不同。例如，在“互联网+政务服务”信息化建设时期，主要任务是政务资源的信息化，开放信息资源，整合业务流程，实现政府各个部门信息资源的纵向和横向连接。前面实例中以安徽省人民政府网站为应用对象，通过开放式采纳模型动态分析研究在该阶段影响公众采纳的因素，得出用户的感知有用性和易用性是影响公众采纳的主要因素，还包括信息服务系统提供信息的及时性、准确性、丰富性等特征因素，以及网站的设计与功能，包括网站功能是否满足需求、导航的设置、操作的简单性等特征因素。采纳模型的迭代应用分析这些主要影响因素，可以对政府门户网站信息服务质量不断优化提出指导性建议。再如，在大数据背景下“互联网+政务服务”建设过程中，政府门户网站在“互联网+政务服务”的应用中可以实现大量数据的收集、处理与分析，实现资源共享，政府部门在开展“互联网+政务服务”活动时会产生大量的信息、资料、数据等，这些信息与数据需要高度的安全性保障，防止丢失、外泄或者被非法访问。通过采纳模型动态分析评价在该阶段影响公众采纳的因素，得出“互联网+政务服务”门户网站的安全性和可靠性是影响公众采纳的主要因素，此时采纳模型中“其他因素”的安全性和可靠性上升为主要影响因素。由此可进而改进、完善“互联网+政务服务”门户网站的安全和可靠性，建立全面的云计算平台，应用于保障政务数据的安全，从而能够保障“互联网+政务服务”的安全。

4.4
推进公众采纳对策

前文中对“互联网+政务服务”网站的实证分析结果表明，要提高公众对“互联网+政务服务”的采纳，需要不断地优化和完善平台所提供的政务服务。政府部门在建设“互联网+政务服务”平台的时候需要考虑其与传统的政务服务的内在区别，用“互联网+”的思维进行公共服务模式创新，结合 “互联网+”阶段的技术特点打造能提供便捷高效政务服务的平台。在国家积极鼓励发展“互联网+”的战略背景下，应结合国家发布的“互联网+政务服务”文件的指示精神，以已有的政务服务实践为基础，借助“互联网+”技术和理念，全面推进“互联网+政务服务”的建设。“互联网+政务服务”是一个新生事物，其模式还在不断地随着技术革新和社会发展而变化，同时传统电子政务建设过程中获得的经验和教训也可以作为“互联网+政务服务”建设有益的借鉴。

4.4.1 加强“互联网+”环境安全建设，提升用户信任度

（1）不断完善社会信用体系，提升政府公信力

社会契约理论认为政府所享有的权力是公众权利的让渡，政府权力的行使是为了增加、保护公众权利，政府只有履行社会契约才能持续存在，并且公众对政府的信任是政府存在的前提和基础。对政府的信任直接影响到用户对“互联网+政务服务”的信任和采纳，从而影响到“互联网+政务服务”的实施和推广。由实证分析可知，公众对政府的信任与关系需求是正相关的，这是因为关系需求的实质就是要建立信任关系，同时关系需求又受到自我效能的正向影响，这为加强政府信任建设提供了思路。政府需要不断完善社会的信用体系，进一步提升政府的公信力。在建设社会信用体系过程中，政府的引导示范作用非常重要，政府需要以身作则，只有首先完善自身信用体系建设才能获得公众的认可，进而带动公众积极参与，共同营造守信、诚信的社会大环境；其次，还要加强舆论引导、宣传教化，提高犯规失信成本，增强公众守规守信意识。“互联网+政务服务”平台上的政务服务要不断地增加服务点，拓宽服务面，加深服务层次，让公众能看到政府一直在尽力为公众服务的态度和能力，政府的公信力自然就建立起来了，对平台的政务服务采纳也会随之提升，使得“互联网+政务服务”的建设进入良性循环。

（2）加强互联网安全和道德规范建设，提升公众信任

互联网安全问题涉及服务平台的安全、个人信息安全等方面，是公众在使

用“互联网+政务服务”时关注的焦点问题。加强互联网安全，一要采用先进的互联网安全技术进行防护；二要制定网上政务服务的工作规范，如对公众的个人数据进行安全级别分类管理等；三要加强互联网道德规范建设，要适时推出相关的法律法规，对“互联网+政务服务”的提供者和使用者进行法律规范，用法律为“互联网+政务服务”的发展保驾护航，需要对公众失信行为进行警告、惩戒，而对公众守信行为进行鼓励、宣传等。通过这些措施增强互联网政务服务的安全性，提升公众信任，提高公众对互联网环境的信任。

4.4.2 扩大“互联网+政务服务”社会影响力，提高用户参与意识

根据实证分析结果，社会环境影响对公众采纳政务服务有着积极的影响，因此需要不断地创新“互联网+政务服务”模式，要积极宣传“互联网+政务服务”，将宣传推广当成政务服务工作的一个不可分割的部分，通过宣传推广，让公众了解到“互联网+政务服务”的内容。激励公众使用网上政务服务，鼓励使用过的公众参与到宣传推广的工作中，通过群众的口碑激发公众采纳网上政务服务的热情，同时开展网上政务使用的公众培训工作，提升公众采纳网上政务服务的能力。要应用最新的互联网技术，创新政务服务的方式，增加服务平台的可及性、易用性，降低网上政务服务的采纳门槛。此外，需要加强和公众的沟通，并让公众积极参与服务平台的建设和改进过程，及时反馈公众诉求和建议，提高办事效率，营造和谐文明的政务服务环境。

（1）提高用户对“互联网+政务服务”的认知

公众采纳“互联网+政务服务”受外部环境的影响，因此需要提高公众的“互联网+政务服务”的认知，促使公众从潜在的“互联网+政务服务”用户转变为现实用户。首先，就示范效应而言，“互联网+政务服务”建设需要政府加大宣传力度，让公众多方面了解“互联网+政务”公共服务。“互联网+”技术具有很强的渗透性、共享性和传播性，因此对于“互联网+政务服务”的宣传可以以网络传播为主，如通过手机终端、微信等新媒体手段进行传播，让公众对其形成一种正向的情感和态度，这是“互联网+政务服务”的优势。其次，“互联网+政务服务”建设离不开公众的参与，需要公众的意见，因此在目前政务服务功能还不太健全的情况下，增加服务评价和服务反馈，并给予用户物质和精神上的奖励，

这些措施有助于激发他们的参与热情。在这方面可以参照许多网络论坛和游戏网站的设计，采用积分或个性化推荐等方式对积极使用的用户给予奖励，这样可以增加服务中的愉悦感，可以调动提高公众参与“互联网+政务服务”建设的积极性。当然这一切工作的中心目标是激发公众使用“互联网+政务服务”的兴趣，搭建新型服务政府与公众沟通的渠道，公众对政府工作态度和工作效率的良好印象有利于正向促进公众形成对政务服务的积极态度，进而有兴趣采纳“互联网+政务服务”。

（2）增强用户对“互联网+政务服务”的参与意识

随着“互联网+”对“互联网+政务服务”的渗入，用户参与的意识有所提高，但总体上来看仍处于不成熟状态，具有参差不齐的特点。在缺乏引导的情况下，用户往往是形式化的参与者，因此，政府要积极承担起培训和引导用户的责任。“互联网+政务服务”是一种公共服务产品，具有无形性以及生产与消费的同步性等服务产品的特征，这使得公众参与服务过程成为必然。而这种参与服务，即用户获取和使用政府所提供的网上信息资源的过程，对于用户而言，就是一种体验活动。在商业领域中，满意的服务体验是服务企业赢得顾客的关键因素。以阿里巴巴、百度、腾讯为代表的互联网企业为用户提供了生动的体验机会，取得了良好的市场预期与社会反响。而在“互联网+政务服务”领域，以用户体验为内容的发展需求也与用户的使用行为密切相关。实证研究发现发展需求通过政府信任影响用户的持续使用行为，而这种发展需求受到用户行为导向参与的影响。因此，用户参与和发展需求密切相关，提高用户行为上的参与程度，有助于“互联网+政务服务”的成功实施。

在“互联网+政务服务”发展需求中，已有一些政府网站在引导用户参与中做出了一些有益的尝试。例如，浙江省积极鼓励用户参与政务服务网统一公共支付平台，启动了城乡居民医保收费及教育收费等业务电子化改革工作，将涉及民生的医保费用、学费、各类罚款、各项缴费项目纳入浙江政务服务网统一公共支付平台，实行各类费用线上缴纳。由以上实例说明政务服务平台应该增强智能化自助式服务功能，让用户能够通过体验操作来自行完成服务，真正实现互动和在线业务处理。用户感受到参与的乐趣后，就会自然地参与到公共服务之中，并且突破对于参与公共事务的无力感。并且随着服务体验的深入，用户也会对服务效果做出相应的评价，并逐渐明确自己在公共事务中的作用，发展需求将得到激发或增强。因此，在实施“互联网+政务”公众服务过程中，政府应将用户参与意识的教育和培养提升为服务创新的重要内容，使用户对自身所享有的权利和义务有自觉的认识，并形成积极的参与心态，从而进一步激发公众采纳意识，提高“互联网+政务服务”平台利用率。

4.4.3 面向公众需求提供服务，提高用户满意度

当前“互联网+政务”信息服务需要不断适应互联网发展的新进展和新特点，提供面向用户需求的个性化政务服务。政务服务平台不仅要面向用户开放公共数据资源，而且要鼓励社会、公众积极利用、采纳公共服务资源。公众对“互联网+政务服务”的体验是一个动态变化的过程，这就意味着需要不断地提高“互联网+政务”公共服务水平，让公众实际体验到的“互联网+政务服务”与个人预期比较之后形成正向的期望确认，增强公众对“互联网+政务服务”的持续采纳。

（1）推进政务服务平台一体化建设，提高服务平台的易用性

积极推进政务服务平台一体化建设，发展 “一号、一窗、一网” 的信息共享开放业务平台，建立跨部门、跨区域、跨行业的电子证照和政务信息资源共享开放机制，开展信息惠民“一号申请、一窗受理、一网通办”服务，加快推进“互联网+政务服务”。首先，构建满足“一号”申请的公众身份证号、法人统一社会信用代码和绑定身份证号及法人代码的实名电子证照信息共享机制，支撑实施实体大厅和网上大厅“一号”申请的惠民服务，实现各类惠民业务的政务信息共享和开放。 其次，构建政务信息资源共享和开放平台，支撑各类电子证照的多业务、多部门协同，支撑国家基础信息和惠民业务信息的共享开放。最后，构建包括国家基础信息和惠民业务信息的政务信息资源库，支撑对共享开放平台的信息采集、校验、整合和提供，实现各类电子证照的多业务、多部门协同办理。依托公共服务平台（包括实体大厅和网上大厅）、共享交换平台、政务部门服务系统，以及统一编制管理的政务信息资源目录，实现基础信息库共享协同机制，同教育服务、医疗卫生、社会保险等各类业务信息库的联通，支撑政务信息资源跨部门、跨区域、跨行业的“一窗”受理、“一网”通办的协同共享，让公众享受到便捷高效的政务服务。

提高服务平台的易用性，一方面需要在基础设施建设方面有足够的投入，建成保证网络畅通运行的硬件基础，根据运行情况及时提升能力；另一方面在网络服务平台设计时需要明确面向普通大众服务，以无技术门槛为标准去构建“互联网+政务服务”平台，增加服务平台的易用性。在此基础上完善、优化政务服务内容，促进政务网络互联互通和政务资源共享，形成统一的“互联网+政务服务”网络和资源共享平台，为不同区域、部门、行业之间进行社会管理、公共服务等面向公众的服务提供支持，使“互联网+政务服务”惠及全民，消除或缩小“数字鸿沟”。

（2）建立线上线下相结合的 O2O 服务模式，提高有用性

“互联网+政务服务”顶层设计需要完善，不仅要面向用户开放公共数据资源，而且要建立基于互联网的线上与线下相结合的 O2O（Online To Offline）政务服务模式，提高服务平台的有用性。首先，借鉴互联网电子商务的 O2O 模式，找准具体切入点，积极探索网上平台、自动终端、服务热线等良性互动的模式，使网上办事与网下办事有机结合，相互促进。其次，从顶层设计角度，将大量涉及民生的公共服务应用集中在互联网 O2O 服务平台上，建立统一的“互联网+政务服务”公众数据开放平台，并且鼓励社会、公众积极利用公共服务资源。接着，利用互联网开展“互联网+政务”便民服务。针对用户比较感兴趣的民生服务栏目，及时提供用户所需的交通、应急动态信息、医疗、社保、资源配置等服务栏目。最后，分析政务服务和公众需求之间的差距，了解公众常用的服务使用方式，创新“互联网+政务服务”的应用，将大量线下活动向线上迁移，优化办事流程，提高办事效率。O2O 的服务模式能够保证政务服务链的畅通有效，推进政务服务改革创新，真正从用户需求出发，考虑用户的差异化需求，为用户提供个性化政务服务。

（3）面向公众个性化需求，提高“互联网+政务服务”质量

实证分析结果表明，感知质量会直接影响公众满意度，进而影响公众持续采纳“互联网+政务服务”的意愿，因此，提高“互联网+政务服务”的采纳可以从提高服务质量角度出发。首先，需要以用户需求为中心，在充分调研用户的需求的基础上进行服务项目的优化设计，提升用户对政务平台的使用体验，及时回复用户问题、反馈用户意见建议，并将用户问题意见建议进行分类整理，作为服务平台改进优化的指引，通过外在施压促进政府在线服务模式和决策模式的优化。改变当前互联网上政务碎片化管理方式，着力构建面向用户的一体化“互联网+政务服务”平台。“互联网+政务服务”围绕公众日常事务需求展开在线服务，满足公众个性化需求，其服务方式不能仅仅停留在信息公开、新闻发布的低级层面，而是让所有适宜上网的事项都在线办理，可以按照个人办事、企业办事、法人办事等不同服务对象进行分类，设置行政审批、便民服务、一站式服务、阳光政务等服务模块，并且提供栏目式、表单化、自助性的政务服务。

其次，革新“互联网+政务服务”的技术，通过云计算、大数据等新技术的运用实现政务信息服务资源的高效利用。“互联网+政务服务”要以“一张网”为目标，推动数据共享，集成优化所有能网上办理的政务服务项目，实现数据和业务无缝衔接的一站式政务服务。针对移动互联网的快速发展，“互联网+政务服务”要与时俱进，开发政务服务 APP，可以借助微信、支付宝等第三方平台推送网络政务服务。

最后，利用互联网技术和理念实现政务服务融合创新。“互联网+”带动着传统产业的转型升级，革新现有的信息产业发展模式，形成“互联网+”发展的新模式。“互联网+政务服务”不能简单地理解为将现有的政务服务放到互联网上，而应当是将互联网技术、思维和理念与政务服务深度融合。“互联网+政务服务”作为一种新的公共管理和服务方式，其核心内容是推动以人为本的“互联网+政务”管理及服务内容、服务模式的创新，最后的落脚点是提高公众采纳互联网政务的积极性，“互联网+政务服务”的发展任重而道远。

Chapter 5

第5章

“互联网+”移动政务公众采纳案例分析

人工智能在移动政务领域的广泛应用，有效缓解了政府公共服务人力资源紧张问题，不仅提高了政务服务的效率和水平，也提升了公众参与社会治理的积极性。移动政务所具有的移动性和便捷性特点促进了“互联网+政务服务”的整体发展，成为人工智能时代政府的一种新的服务模式。当前国家把移动政务的智能化水平建设提升到战略高度，要求重构政府服务流程和政府运作，打造服务型、整体型政府，通过政府主导和公众参与等方式创新社会治理体制，实现政府治理与公众参与的良性互动，推进社会治理的智能化、精细化、多元化。2017 年国务院在新一代人工智能发展规划中提出，大力发展“互联网+政务”的智能应用，开发适于政府服务与决策的人工智能平台，要加强政务信息资源整合和公共需求精准预测，畅通政府与公众的交互渠道。2018 年国务院发布“互联网+政务服务”改革实施方案，提出促进人工智能技术在复杂社会问题研判、风险预警、应急处置、政策评估等重大战略决策方面的推广应用，提升政务服务效能。人工智能背景下，公众的认知与需求发生结构性的转变，移动政务智能化水平能否满足用户需求是服务的关键所在，因此，分析人工智能背景下的移动政务公众采纳意愿具有重要的现实意义。

5.1
移动政务采纳现状

国外学者研究公众采纳行为的影响因素，主要是基于技术接受、信息系统持续使用、信任理论模型的拓展研究。Hujra、Aloudat 提出了整合技术接受模型，将持续使用行为归纳为预期性能、预期努力、社会影响和便利条件等四个方面。Fan、Bhattacherjee 等人在技术接受模型中引入了消费者行为的期望确认理论，认为用户的满意程度积极影响其持续使用意愿，提出了信息系统持续使用模型。Anas、Katina 等人对应急管理中“互联网+政务”的社会接受度的问题进行研究，发现用户采纳行为受到个人意愿、系统有用性以及平台移动性等因素的影响。Nisreen、Izzeldin 等人认为公众采纳体现了移动政务服务的应用价值，通过分析发现用户接受程度、系统有用性以及用户体验影响公众采纳行为，需要重视用户需求来提升公众采纳体验。Cyan、Price 等人在研究公众采纳行为过程中，认为用户信任因素会直接影响公众采纳意向，信任在需求与使用行为之间发挥着关键性的中介作用。Srivastava、Thompson 等人将对互联网的信任的概念扩展为对技术的信任，结合技术接受模型、信任理论以及服务质量理论等理论构建研究模型，发现技术信任、服务质量是影响公众采纳意向的主要因素。

国内有关公众采纳基础理论模型的研究，主要在已有采纳模型基础上进行本土化整合研究。刘玲利、王冰等在技术接受模型的基础上构建“互联网+政务服务”公众接受和持续使用综合模型，发现感知有用性、信息质量和期望影响用户接受和持续使用意愿。朱多刚、郭俊华分析影响公众使用移动政务的关键因素，发现政府信任和 IT 自我效能显著影响公众采纳意向。陈振娇、徐芳俐等人研究“互联网+政务服务”质量和用户需求之间的关系，发现信息服务质量对市民持续使用意向有显著正向影响。汪岳新研究政务微信用户采纳行为的影响因素，发现移动政务的移动性正向影响用户的感知易用性，感知易用性又正向影响用户的使用意愿。吕欣等认为信息安全感知是指在涉及网上纳税、个人身份认证等服务项目时，政务系统环境能够保障个人隐私安全，研究发现信息安全因素直接影响公众采纳意愿。徐晓林、张梓妍研究公众信任、政务服务质量与持续使用意向之间的逻辑关系时发现公众信任显著影响政务服务中心信息质量、系统质量与服务质量。何哲认为人工智能技术对传统政府的主体、行为模式、组织运作等都产生了深刻的影响，促进传统政府正在从单一的自然人的政务智慧集合逐渐演化为人机高度融合的泛政务智慧体系，形成人与人工智能密切融合的新的社会文明形态。陈涛、冉龙亚等认为人工智能技术具有应用于政务服务领域的优越性，在身份认证、在线客服、信息搜索等方面有广阔的应用前景，提出加大研发利用力度、提升管理服务水平、加强数据安全保护以及建构伦理法律体系等多个方面，推动公众使用智能化政务服务。

综上所述，已有文献主要基于技术接受、信息系统持续使用、信任理论模型研究“互联网+政务服务”公众采纳行为，为本文提供一定的理论依据，但依然存在一些局限性：一是移动政务和传统“互联网+政务服务”之间的关系缺乏充分的讨论，移动政务相关理论构建不够完善，移动政务公众采纳影响因素的分析比较“碎片化”，缺乏人工智能技术对公众采纳行为的影响，人工智能技术应用程度决定移动政务的服务水平，也成为影响公众采纳意愿的重要因素；二是研究模型只能静态研究公众采纳行为规律，无法评估不同时期公众不断变化的需求行为，在一定程度上忽视了人工智能时代背景下公众采纳行为的变化，很少从公众心理和行为角度深化分析移动政务服务公众需求，以及公众采纳影响因素的演变规律。针对以上问题，本文从感知信任、人工智能外部环境、公众满意度层面多维度分析人工智能背景下移动政务公众采纳意愿的影响因素，构建具有可操作性并且可迭代应用的公众采纳模型，从公众心理和行为角度深入分析公众采纳行为的演变规律。

5.2 采纳模型构建

5.2.1 采纳假设分析

基于以上文献分析，本文结合移动政务服务智能化特点，从感知信任、外部环境、用户满意度方面进行研究假设。

（1）感知信任方面

Niehaves 等人将对互联网的信任的概念扩展为对安全的信任，结合技术接受模型、信任理论以及服务质量理论等理论构建研究模型，发现信息安全的信任、服务质量是影响公众参与意向的主要因素。芮国强、宋典认为政府服务能力体现公众对政府提供优良服务的意愿和能力的主观评价，影响政府信任，如果公众感知政府服务能力越高，那么对政府信任程度也会提高，采纳政务服务意愿就会越强。通过梳理相关文献，公众对服务的感知信任是采纳的前提条件，感知信任包括政府信任以及信息安全信任。其中政府信任主要是指公众对政府的执行力、服务能力等方面的信任，信息安全信任是指公众对互联网信息安全、服务机制以及法律规章等方面的信任。

综上，提出以下研究假设：

政府信任（TG）因素正向影响公众采纳意愿。

信息安全信任（TI）因素正向影响公众采纳意愿。

（2）外部环境方面

钱丽、王永分析“互联网+政务”公众采纳行为的影响因素，发现社会影响、互联网技术因素正向影响用户采纳意愿。人工智能技术应用在移动政务服务领域，不仅提升了决策的科学性，也改善了服务的针对性和主动性，使公众获得更多的安全感和满足感，人工智能技术是推动政府转型、提升政务服务效率、增强用户体验的重要手段。因此，公众采纳移动政务服务也受到人工智能技术优势的影响。鉴于上述讨论，提出以下研究假设：

社会影响（SI）因素正向影响公众采纳意愿。

人工智能技术（TS）因素正向影响公众采纳意愿。

（3）用户满意度方面

通过梳理相关文献，用户满意度是指用户对移动政务服务智能化水平做出整体性评价后形成的满足程度，包括感知有用性和移动性，也就是用户使用政务服务平台感到便捷，并且能够提高办事效率、降低办事成本。移动政务智能化是以大数据技术为基础，集约化大数据平台为依托，通过人工智能技术实现政府与公众之间的信息交换、业务办理的交互平台。基于以上分析，提出以下假设：

感知有用性（PU）因素正向影响公众采纳意愿。

移动性（PM）因素正向影响公众采纳意愿。

5.2.2 研究模型构建

通过以上假设，本文选取政府信任、信息安全信任、社会影响、人工智能技术优势、感知有用性、移动性等特性作为公众采纳意愿的影响因素，从多维角度分析公众采纳行为，如图 5.1 所示。

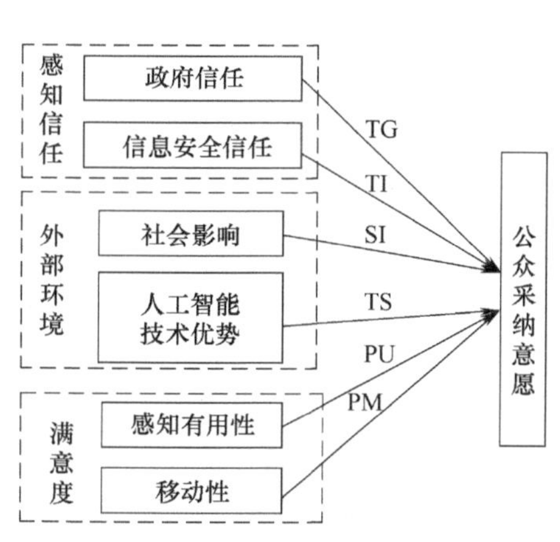

图 5.1 公众采纳模型设计

5.3 研究设计与实证分析

5.3.1 问卷设计与数据收集

本研究结合人工智能技术背景，分析公众采纳意愿的影响变量，采用问卷调查的方式收集数据，调查安徽省不同企业、政府、学校、医院等社会群体和社会组织的成员，这些社会成员大部分有登录移动政务平台办事的经历。问卷分为两部分：第一部分为人口统计学变量，包括性别、年龄、学历、职业 4 个题项。在选择调查对象时涉及不同的性别、职业和受教育程度的调查人群，要求被调查对象对各问题表明态度，例如对移动政务的安全信任、政府信任感知、移动平台便捷性感知、人工智能技术应用满意度等测量变量进行评价。第二部分为使用行为变量。第二部分的所有测量题项（见表 5.1）都采用 Likert 五点量表，“1”表示完全不同意，“2”表示不同意，“3”表示一般，“4”表示同意，“5”表示非常同意。此次调查问卷共计发放 820 份，剔除无效问卷，最终回收有效问卷 720 份，有效回收率约为 88%。在有效问卷中，男性占 57%，女性占 43%；教育程度方面，本科及以上占 62%；公众职业方面，公司职员占比最大，达到 45%；社会组织方面，企业占 28%。

表 5.1　测量变量

变量	观测变量及题项	参考文献
政府信任（TG）	TG1：我认为政务服务中心能够提供良好的服务。	Niehaves 芮国强，宋典
	TG2：我认为政府服务过程是透明公开的。	
	TG3：我认为政府对互联网的幕后管理、维护工作是到位的。	
信息安全信任（TI）	TI1：我认为移动政务身份认证手段是安全可靠的。	Srivastava，Thompson 吕欣
	TI2：我认为服务中心提供的信息是安全可靠的。	
	TI3：我认为服务中心能够保证个人隐私安全。	
社会影响（SI）	SI1：我采纳移动政务会受到周围亲戚、朋友、同事等人影响。	Hujra，Aalahmeh 钱丽，王永
	SI2：我采纳移动政务会受到政府激励和宣传手段的影响。	
	SI3：我采纳移动政务会受到网络媒体、网络推送宣传手段的影响。	
人工智能技术优势（TS）	TS1：我认为移动政务服务在民生栏目领域体现了智能化。	何哲 陈涛，冉龙亚，明承瀚
	TS2：我认为基于人工智能技术的移动政务服务给我带来更多的体验感和参与感。	
	TS3：我认为移动政务的在线客服、信息检索、行政审批、主动服务等实现了智能政务。	
感知有用性（PU）	PU1：我认为移动政务系统很好用，容易操作。	Nisreen，Izzeldin 刘玲利，王冰
	PU2：我认为移动政务服务提高了办事效率。	
	PU3：我认为移动政务智能化服务能增强我与周围人的互动。	

续表

变量	观测变量及题项	参考文献
移动性（PM）	PM1：我认为移动政务提供的服务方便快捷。	Anas，Katina，Mutaz 汪岳新
	PM2：我认为移动政务办事不受时空限制。	
	PM3：我认为使用移动政务办事降低了行政成本。	
采纳意愿（AD）	AD1：我愿意使用移动政务办理相关事务。	Cyan，Price，Rider Hujra，Aalahmeh Anas，Katina，Mutaz 陈涛，冉龙亚，明承瀚
	AD2：我愿意使用移动政务反馈个人建议，增加与政府互动。	
	AD3：我将积极尝试移动政务新推出的人工智能服务。	
	AD4：我使用移动政务感到方便快捷，十分满意。	

变量定义与测量：借助安徽移动政务“皖事通”APP 平台，分析人工智能时代背景下移动政务公众采纳行为的影响因素，主要从感知信任、外部影响、用户满意度等方面展开变量测量，对各变量的定义如表 5.1 所示。

感知信任方面的测量：政府信任、信息安全信任两个变量。

外部环境方面的测量：社会影响、人工智能技术优势两个变量。

用户满意度的测量：服务的感知有用性、移动性两个变量。

5.3.2 实证分析

实证分析采用 SPSS 和 LISREL 统计工具，对问卷数据进行信度、效度分析，验证假设变量之间的关联性，利用结构方程来统计采纳模型中路径系数，识别公众采纳意愿的影响程度。

（1）信度分析

信度分析主要用来度量检测结果的一致性、稳定性和可靠性，确保测量误差对结果的影响尽可能小。采用 Cronbach’s Alpha 系数进行信度检验，剔除 CITC 值小于 0.5 的指标题项，调查问卷所包含变量介于 0.724~0.836 之间，并且问卷整体 Cronbach’s Alpha 值为 0.926，如表 5.2 所示，充分表明该调查问卷具有较高信度。

表 5.2　公众采纳意愿信度分析

量表	Cronbach's Alpha	项数
政府信任	0.785	3
信息安全信任	0.830	3
社会影响	0.624	3
人工智能技术优势	0.828	3
移动性	0.836	3
感知有用性	0.762	3
采纳意愿	0.779	4
总体	0.926	22

（2）效度分析

对于问卷的效度分析主要采用了内容效度和结构效度。本书研究所开发的调查问卷在基于大量文献回顾的基础上设计，参照了移动政务领域应用最为广泛的技术接受模型、信任理论、信息系统持续使用模型，保证了问卷中的每个问题都有明确的依据。而且调查问卷接受了“互联网+政务服务”专家和调查对象开发者与推广者的修改建议，并根据预调查的结果进行了较好的修改。调查问卷开发过程的严谨性确保了其内容的有效性，即调查问卷具有较高的内容效度。

结构效度分析主要采用因子分析方法对问卷结构效度进行检验，首先通过对数据进行度量和球形度检验决定数据是否适用于因子分子。采用 KMO（Kaiser-Meyer-Olkin）和 Bartlett 的球形检验方法来检验，如表 5.3 公众采纳意愿的 KMO 测量值为 0.949， Bartlett 球形检验的卡方值分别为 4357.296（自由度为 190），且非常显著，两者均表明数据适合进行因子分析。

表 5.3　公众采纳意愿 KMO、Bartlett 检验

取样足够度的 Kaiser-Meyer-Olkin 度量		0.949
Bartlett 的球形度检验	近似卡方	4357.296
	df	190
	Sig.	0.000

采用主成分分析方法进行验证性因子分析，把因子载荷值大于 1 的题项或者小于 0.5 的题项删除。最终公众采纳意愿的因子载荷如表 5.4 所示，表中各变量的因子载荷系数均大于 0.5，均满足了学术界通过验证所提出的最低数值要求，充分说明了本研究所用调查问卷具有较好的收敛效度和区别效度，即问卷具有较好的结构效度。

表 5.4　公众采纳意愿主成分因子载荷

潜在变量	题项	因子载荷	潜在变量	题项	因子载荷
政府信任	TG1	0.726	信息安全信任	TI1	0.882
	TG2	0.753		TI2	0.813
	TG3	0.731		TI3	0.797
社会影响	SI1	0.608	技术优势	TS1	0.824
	SI2	0.542		TS2	0.803
	SI3	0.528		TS3	0.786
移动性	PM1	0.859	感知有用性	PU1	0.748
	PM2	0.792		PU2	0.768
	PM3	0.821		PU3	0.751
采纳意愿	AD1	0.816			
	AD2	0.782			
	AD3	0.802			
	AD4	0.768			

（3）结构模型分析

利用软件 LISREL 工具对结构方程模型各潜在变量进行路径分析，各潜变量路径分析及验证结果由表 5.5 可知，社会影响对公众采纳意愿的显著性水平 0.096>0.05，表示社会影响对公众采纳意愿影响不显著。

表 5.5　路径分析及验证结果

假设路径	路径系数	显著性水平	结果
TG->AD	0.38	0.005	支持
TI->AD	0.42	0.000	支持

续表

假设路径	路径系数	显著性水平	结果
SI->AD	0.15	0.096	不支持
TS->AD	0.48	0.000	支持
PU->AD	0.32	0.008	支持
PM->AD	0.45	0.000	支持

除了 SI->AD 路径（社会影响→公众采纳意愿）不显著以外，其他路径均较显著，验证了假设 TG->AD、TI->AD、TS->AD、PU->AD、PM->AD 成立，即政府信任、信息安全信任、人工智能技术优势、感知有用性、移动性因素显著正向影响公众采纳意愿。结构方程模型如图 5.2 所示：

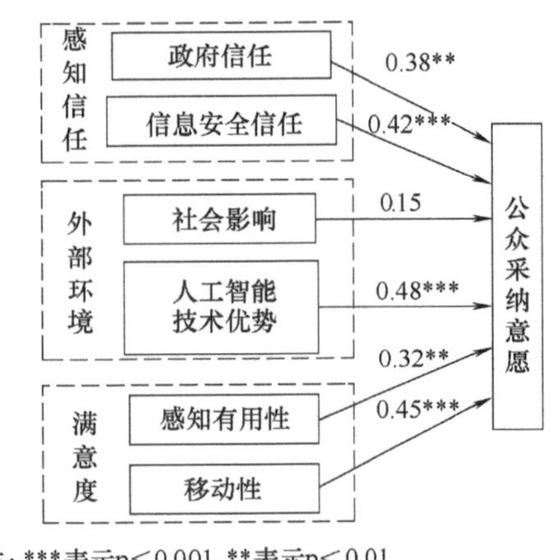

图 5.2　结构方程模型

5.4 结论与展望

5.4.1　结论与启示

实证分析表明政府信任、信息安全信任的路径系数分别为 0.38、0.42，说明政府信任、信息安全信任显著影响公众采纳意愿。政府在进行社会治理和提供移动政府服务过程中，对用户个人隐私的保护，不仅影响社会公众对政府职能部门的信任，还影响公众对信息安全的信任，公众只有信任政府和政务信息服务环境，才会主动采纳移动政务服务。与此同时，移动政务在提供身份认证，如PIN码认证、短信验证码认证、指纹认证、人脸识别等认证服务时，其安全性因素也影响公众采纳行为。人工智能技术和方法在身份认证领域的深入应用是解决身份认证安全性的有效手段。因此，需要利用人工智能技术优化政府服务流程、加强移动政务信息安全建设，赢得公众信任。一方面，利用人工智能技术改善认证服务、鉴别用户个人身份，包括对用户的凭证识读与身份认证，为用户登录网上办事系统提供可信的身份验证，并且加强不同区域、行业和部门之间身份认证的互通互认，以身份标识结合数字证书作为网上统一身份凭证，建立多种便民登录方式的身份信任通道；另一方面，确保各方主体信息在网络传递中的安全性，从而满足公众对于移动政务大数据安全和隐私保护的需求。同时加强人工智能、大数据挖掘技术在应急管理、公共安全、精准推送服务等方面的应用，也为公众带来高效便利的移动政务服务。

社会影响的路径系数为0.15，表明社会影响对公众采纳没有显著影响。人工智能技术路径系数为0.48，表明人工智能技术优势对公众采纳意愿产生显著影响。人工智能技术在移动政务领域的广泛应用，不仅提高了公共服务的效率，也改善了服务的主动性和针对性，有效解决了政府公共服务领域紧张的人力资源问题，同时促进公共服务透明化，改善了与用户之间的交流沟通，使公众有更多获得感和安全感。因此，政府需要顺应人工智能时代公众需求，通过人工智能技术改造现有的移动政务，强化服务的移动性、及时性和有效性；借助人工智能应用技术提高移动政务公众体验，加强在人脸识别技术在个税抵扣办理、养老金领取、电子证件办理等领域的技术应用，提高公众参与政务服务的积极主动性；针对不同群体利用人工智能技术提供个性化服务，按照个人、企业、法人等不同服务对象进行分类，在实施移动政务服务时需要注重改善公众的服务体验；充分利用人工智能技术优势推进移动政务智能化服务，包括在线客服、信息检索、行政审批、应急处置、身份认证、智能自助终端等领域，进一步提升公众满意度，提高移动政务公众采纳率。

实证分析表明移动政务平台的移动性对公众采纳意愿影响显著，路径系数是0.45。感知有用性路径系数是0.32，表明移动政务服务平台的有用性、移动性是公众采纳的重要影响因素。通过人工智能技术提供多元化政务服务，公众通过移动平台可以在医疗服务、教育培训、社会保障等方面获得更加精准、便捷、高效的服务，从而满足公众对服务的感知有用性、移动性需求。首先，政府需要构建一体化移动政务智能服务平台满足公众个性化需求，运用大数据、人工智能等新技术整合不同部门、区域、行业之间的数据，构建面向公众需求的移动政务服务平台，实现不同主体之间数据实时交流与共享，提高跨平台在线办事、智能互动、特色政务服务能力等。其次，在此基础上，应进一步提升对人工智能技术的科学使用，建设一站式移动政务服务，与政府网站、政务智能热线、政务服务大厅等平台实现有效协同，使得公众乐于接受并且持续采纳移动政务服务。只有让用户感受到政务服务平台所带来的便利性和有用性，才能真正使用户接受并且积极使用移动政务服务，充分体现移动政务服务的应用价值。

5.4.2 不足与展望

人工智能技术驱动着产业变革，对传统政务服务的理念、机制和体系产生了深刻的影响。政府通过人工智能技术应用不仅提高了移动政务服务效能，也使公众乐于接受并且持续使用移动政务服务。本文从多维角度分析公众采纳行为的特征，探索人工智能背景下公众采纳意愿的影响因素。研究结果表明加强移动政务信息安全建设有利于提升公众信任，利用人工智能技术优势有利于提高公众体验，构建一体化移动政务智能服务平台有利于推进公众采纳。

由于研究环境及条件所限，本文还存在以下不足：一是虽然样本已涉及不同职业、不同年龄阶段、不同受教育程度的公众，但样本量的局限性在所难免，研究结果的普适性有待进一步实证检验；二是研究数据主要是横截面数据，难以从时间维度对各变量间关系进行研究。利用人工智能技术优势提升移动政务服务质量是“互联网+政务服务”深化改革的重要内容，对相关理论的研究与实践探索都提出了新的要求和挑战。本文仅就这一议题开展了少量工作，后期还应对公众参与、信息公开等相关变量的影响及其效度进行研究；同时，应加强纵向时序研究，提升研究的系统性与完整性。

Chapter 6

第6章

“互联网+政务服务”公众采纳应用

6.1
“互联网+政务服务”应用类型

“互联网+政务服务”是在传统政务基础上发展起来，“互联网+政务服务”业务内容与政府管理社会的职能有关。“互联网+政务服务”是在传统政务基础上发展起来的一种新的政府职能的具体表现形式。“互联网+政务服务”有多种应用类型。

6.1.1 “互联网+政务服务”政府内部应用

（1）内部电子信息

内部电子信息可分为静态信息和动态信息两大类。本单位相关的政策、工作制度、单位组织人员和机构及其职能介绍、通讯录、统计资料、档案等信息都属于静态的内部信息，静态信息也并不是绝对静止，而只是信息变更的周期相对长一些；内部通信、广告和通知、大型活动安排情况、领导工作信息、各科室及直属机构工作信息、公共邮件信息、个人信息等都属于动态信息。

（2）内部电子公文处理

公文是机关办公主要途径和手段，电子公文的处理，是从传统纸质公文处理的基础上发展起来的，它既有传统纸质公文处理的内涵，又有依靠电子政务系统实现自动化处理的虚拟特色。内部电子公文处理，是整个公文处理的核心部分。公文的处理基本上都在内部处理和完成。按照公文的处理流程，内部电子公文处理可分为收文处理、发文处理、电子公文整理和归档三大部分。

电子公文收文处理包括电子签收、电子登记、电子分发、电子拟办、电子批办、电子承办、电子催办、电子查办、电子立卷、电子归档、电子销毁。电子公文发文处理，包括电子拟稿、电子审稿、电子签章、电子校对、电子图章、电子登记、电子立卷、电子销毁等。电子公文整理和归档包括电子公文分类编号、明确归档范围和时间、密级鉴定、归档份数、业务部门的独立数据库、综合数据库、归档方法（保存到磁、光介质上，系统备份等）。

（3）内部电子会议管理

电子会议的形式很多。其一，主题式会议。领导或主管部门下发主题，全体或相关员工通过邮件或网上论坛发表建议。其二，随意式会议。随意性会议不设立主题，只提供部分引导内容，员工无限制发表意见，与会者可以匿名。其三，可视式会议，传统会议的模拟形式。一般情况下，电子会议后需进行总结和落实，并把反馈信息和最终结果传递给相关领导和工作人员，电子会议的工作量，主要集中在会前的准备阶段和会后的汇报阶段。

（4）内部电子财务管理

内部电子财务管理主要包括电子预算、电子财务审批、临时支出申请和审批、电子财务通告、电子薪酬支付、电子福利支出和电子财务收入管理等。通过网络给领导和本部门员工提供明细和汇总的财务收入、支出、拨付款数据及相关的文字说明和图表，便于领导和部门能够即时掌握和监控财务状况，同时使员工能够通过网络进行财务事项的操作，如领工资、申请项目资金、报销出差费用等。

（5）内部电子人事管理

电子人事制度主要包括人事制度和人事动态介绍、电子薪酬审核、人事调整方案调查、竞争上岗电子化、电子福利申请和审核、网上培训、电子绩效评估等。通过内部网络体系传递各项人事信息和办理各项人事工作，如员工的工资和福利、岗位竞争动态、晋升、辞职、退休、休假等事项的办理。通过网络对国家机关工作人员提供各种综合性和专业性的网络教育课程和内部培训下载资料，随时随地注册参加各类培训班和考试。利用电子手段对政府内各部门的工作业绩，进行科学的测量和有效的评估，可以进行全面的自评和他评，而且评估方式灵活多样，既有公开的全体评估和专业评估，又有个人匿名评估。

（6）内部电子决策

内部电子决策分网下决策和网上直接决策两大部分。网下决策的电子化，主要通过运用网上的数据库和各类报表以及调查信息来制定决策，决策以网上信息为依据，网上和网下相结合。网上直接决策主要包括电子决策信息调查、决策数据、电子决策程序和模型、决策方案确立、电子决策人员、电子决策结果、电子决策结果安排和执行以及电子决策反馈等。

6.1.2 “互联网+政务服务”政府外部应用

（1）电子信息共享和数据交换

政府各部门可以将相关的各项法律、法规、规章、政策、行政命令、政府机构和职能、档案资料、数据库发布到自己的网站，在每个政府网站上设立行政动态栏目，介绍本单位的近期工作和可公开的工作规划。工作上密切相关的上下级之间可建立大型的网络体系，行政命令等可用网上的专门通道进行传递。相对内部网上的电子信息，政府间的电子信息更具有开放性。政府间的电子信息除了特殊要求外，大部分可直接面向社会，因此，信息的安全性十分重要，政府部门在粘贴信息时，需注意其安全性和保密功能。政府部门建立各自的数据库，政府间可以进行有偿或免费的数据信息交换，政府部门的数据库既要全面又要具有部门特色，避免重复建设。

（2）电子后勤管理

电子后勤管理主要包括办公物品电子管理、医疗管理、车辆电子管理、房屋管理等。通过电子发单、电子申请和电子维修单等形式实现办公用品网上管理。在网上可显示车辆使用情况、车库使用情况等，并可在网上办理用车手续。网上还可查询医疗服务体系、就医指南、医疗保险及医疗福利情况并进行手续办理等。

（3）电子公文传输和管理

电子公文的大部分工作可在政府内部完成，电子公文的传送在弹指间完成，并能即时获得反馈信息，联合发文也可在网上操作。因此，政府间的电子公文管理工作主要集中在公文的电子催办和电子查办。另外，由于网上的垃圾邮件比较多，以及网站的容量有限，电子公文的拒收、整理和删除等工作量也比较大。对密级较高的公文可以采取传统模式或传统模式与电子模式并用的方式。

（4）电子办公

政府间的电子办公主要包括电子会议、电子数据统计、电子项目申请、上下级之间的电子业务、相关业务部门的行政工作电子化。电子会议的形式比较多，如电视电话、电子论坛、网络会议等。通过网络填写申请单、报批等，完成部门间的项目准备工作或大部分工作，大大提高了行政办事效率。数据统计是众多部门上下级之间的例行事务，传统模式程序烦琐，统一性差，周期长，而电子数据统计的方式既有统一的模式，又能随时随地输送数据。

（5）电子财务管理

通过网络向各级国家权力机关、审计部门和相关机构提供分级、分部门的财政预算及其执行情况。通过网络实现各项经费的转换。通过电子银行监控部门的财政支出和收入。通过网络审核国家权力机关以及相关主管部门的财务执行情况、各项预算和项目经费执行情况。

（6）电子档案

电子档案是指可以用来共享的专业性档案资料，如公安机关的刑事犯罪记录、审判机关的审判案例、人才档案等。政府间的档案资料只是内部档案的一部分。目前，我国司法体系的档案系统相对完善成熟，而其他部门及其上下级之间的档案资料将不断出现，如电子政策法规档案、企业的档案资料等，可以用来和其他部门共享。

（7）电子培训

政府间的电子培训主要包括本系统的业务培训、行政管理能力培训、专业性业务培训等。电子培训工作的重点是培训内容的开发。电子培训一般采取在线学习或下载教材进行网下学习，形式比较单一，互动效果差，无现场效果，培训效果一般，但跨部门或跨地区电子培训的成本比较低，而且十分便利，具有一定的优势。因此，电了培训的内容侧重基础性知识和规范化、标准化，适合"填鸭式"教育知识的开发。

（8）电子监督评价

政府之间的监督和评价，主要包括国家权力机关对各级行政机构的监督、司法机关对各级行政机关的监督和评价、审计等专业机构对行政机构的监督和审核、上下级之间行政机构的监督和审核。电子监督和评价体系不仅对政府机构的中长期和年度规划以及某些重大决策进行评定和监督，而且通过网络可以随时随地进行评价和监督。电子监督有着明显的优势：及时、量化程度高。

6.1.3 政府与企事业之间的"互联网+政务服务"应用

（1）审批类"互联网+政务服务"

审批类"互联网+政务服务"主要有：各类企业的注册、变更、注销，各行各业的专项电子审批，养老机构、公共图书馆、就业机构、协会等事业单位和社会团体的电子审批。

（2）税务类"互联网+政务服务"

电子税务主要包括电子税务的登记、变更、销毁、电子纳税、电子处罚等。电子税务的登记、变更、注销与工商、技术监督、银行等部门的工作密切相关，而且业务的运转时间固定，变动周期比较长，可以与工商、技术监督、银行等部门网上联合办公，进行统一管理。另外，免税申请等一些审批类事项可以一并加入网上联合体系。电子税务的重点工作是电子纳税。电子纳税流程大致如下：纳税户通过网络接入某级行政机构财税网的电子申报网页，用合法用户名和口令登录电子申报服务器；选择填写相关申报表，填写完成后提交；电子申报服务器将纳税户提交的申报数据按不同的税务机关分组暂存；税务局端随机收取相关的分组数据并对数据进行处理；数据处理完成后，税务机关将纳税人的纳税账号和相应的扣款数据，发送指定银行扣除税款，并根据银行确认的扣款信息，以电子邮件的方式自动向相关纳税户发出电子邮件，告知最后申报处理结果。

（3）金融保险类“互联网+政务服务”

金融保险类“互联网+政务服务”主要包括经常项目（一国与外国进行经济交易中经常发生的交易项目，包括贸易收支、服务收支、单方面转移）、资本项目（指国与国之间发生的资本流出与流入）、出口核销管理、流动资金贷款、固定资产贷款、贴现、外汇贷款、国际贸易融资等。金融保险类的业务逐渐走向市场化、商业化，政府对企业的金融保险以间接管理为主，间接管理的业务可转为电子业务。

（4）司法类“互联网+政务服务”

司法类企业“互联网+政务服务”，主要包括网上律师事务所的申请和管理、网上申请公证、网上知识产权的保护、法律咨询、司法鉴定、法规查询等电子服务。通过网络可审批律师事务所及其分支机构的设立申报，网上管理外国律师事务所驻当地办事处，网上管理在国外（境外）设立的律师机构，网上办理执业律师的年检注册和律师事务所的年检注册。公众通过“互联网+政务服务”系统可以办理法律相关事务。如，证明经济合同、协议、继承权、财产赠与赋予、债权文书等司法公正。还可对涉案的会计核算资料进行鉴定和判断。网上还可提供各类法律法规咨询服务。

（5）招商引资类“互联网+政务服务”

政府采购的方式主要包括公开招标、邀请招标、竞争性谈判、询价采购、单一来源的协议采购，招标采购是政府采购的主要形式，而招标采购可以完全用电子采购形式实现。政府电子采购过程涉及采购预算单位、供应商、中介等单位，电子采购的运作内容包括：采购物资需求计划的录入、询价书编制的生成、询价发布、供应商报价、网上技术交流、采购意向生成。

电子采购基本流程：预算单位提供财政批准，属于集中采购范围的政府项目，填写政府采购特殊项目情况审批表、委托采购申请表、自行采购申请表、工程采购需求表、微机和服务器采购需求表，以及其他各大类采购需求表；中介机构接受委托，组织政府采购招标活动，核实投标人的资格，制定询价书；供应商填写和提交供应商简明信息表，申请成为网上竞价会员资格；由采购中心授予网上报价密钥，会员单位凭用户名和密钥参加网上竞价采购；确定中标供应商后，采购中心向中标供应商发出书面中标通知书，供应商持中标通知书在规定的时间内与采购中心签订政府采购合同。政府电子采购正逐渐向商业化、市场化运作模式转变。

政府投资的、事业单位投资的、国有企业投资的、国有资产控股企业投资的、集体经济组织投资的、政府规定的其他建设工程等超过规定总投资额或者建筑面积的工程需进行招标，政府招标的工程都可以实行电子招标模式。保密工程、军事设施工程等特殊建设工程和规定范围以外的建设工程，可以自行选择发包方式，并接受建设行政管理部门的监督，无需采取政府电子工程招标。政府电子大型关键设备和工程的招标、投标、采购监管应由专门的机构独立负责。

政府电子招商形式：一是通过网络介绍招商投资的政策和规划、组织举办各类招商活动、介绍当地招商投资环境和开发区资料等；二是政府把招商内容与其他网站链接，或到其他公众网站做广告宣传，采用各类商业方式。政府电子招商不仅要做好本单位网站上的宣传内容，而且更应注意与其他媒体合作，强调社会的整体宣传效应。

（6）管理监督类“互联网+政务服务”

管理监督类“互联网+政务服务”包括工商管理、环境保护、安全保护、劳工管理等。

① 工商管理主要有电子专用商品价格审批、市场日常检查情况公告、行政处罚的电子执行、电子举报和投诉箱、电子年检等。

② 环境保护主要有单位生活垃圾处理的申请和登记，环境设施拆除、搬出、建造的申请和登记，对环境有污染企业的电子管理，排污费和处罚缴纳，环保电子举报箱等。

③ 劳工管理主要有企业录用人员登记、流动人口登记、企业劳保状况登记、

劳动能力鉴定、外籍人员登记、就业登记、企业集体劳工合同审核、失业保险、企业员工养老保险、培训机构的资格审核、电子举报和投诉箱等。还有企业的生产安全登记、消防安全登记、特殊行业安全登记、行政处罚等。

（7）行业专业管理类“互联网+政务服务”

行业管理中的审批可以采取类似企业注册的软件系统，实现行业注册审批的电子化。行业的具体管理职能都已下放到协会或市场，每个行业可公开的统计信息、各类档案和资料都应该在网上公布，便于查询。当行业管理中涉及国家秘密的部分需进行独立管理，无需进行电子化。

（8）综合服务类“互联网+政务服务”

随着技术的发展，政府除了对企业的职能管理和行业专业管理不断电子化外，也必须推行电子化的综合服务业务。例如全国性或分类法规政策查询、档案和资料的查询、企业专用数据库的创建和查询、政府机构职能综合介绍等；政府对人才的引进和培训可进行网上协调，如政府经费补贴培训的审批、专业类培训机构的审批、中外教育合作培训、非学历教育培训项目审批、大型人才交流活动、人才的引进、创业专项资助等；咨询服务的拓展，成立各类专门的咨询服务小组，解决企业的日常问题；政府建立起与各个部门相应的专业网上交易市场或综合性交易市场，如中国商品交易市场、中国农产品交易市场等，以推动经济的发展；信息闭塞、资金技术有限的个体企业和农村企业更需要这些便利的网上市场；充分发挥政府的宏观调控和平衡职能，平衡各种利益群体的利益，为中小企业提供扶助性的帮助，如为中小企业提供统一的政府网站入口、设计其能承受的电子商务方案等等。

6.1.4 政府与社会公民之间的“互联网+政务服务”应用

在传统的政府管理模式下，政府提供的服务选择空间很小，办事效率低下。社会公民虽然有很多需求，但由于缺乏有效的反映途径，众多意见和需求无法反馈到政府。政府了解社会需求并调整相关政策相对滞后，更谈不上对社会公民的个性化服务。

“互联网+政务”的推行，为社会公民获取政府提供的服务，提供了更加便利的条件，同时，社会公民能够对政府提供的服务做出即时的评价，并把自己的建议和需求及时反馈到政府。首先，政府可通过网络把本部门所负责的各类公共服务的内容、程序等向所在管辖范围内或管辖外的公民公布，使广大公民能够及时地、全面地了解政府的公共服务。其次，政府可通过网络，以“一站式”“一网式”等形式提供24小时服务，减少公民办事的时间和空间上的限制。最后，社会公民在享受便利服务的同时，也可以对政府的服务进行及时的评价和监督，加强社会对政府的监督力度。

“互联网+政务服务”涉及社会生活的方方面面，从一个人的出生到死亡，从吃、穿、住、行到每个人从事的事业，从物质需求到精神需求，社会公民都可以在电子政府中获得相应的电子服务。

（1）电子信息服务

电子信息服务包括静态电子信息服务和互动信息服务两大块。社会赋予政府管理和支配社会资源的权力，政府有责任和义务向社会单向提供电子信息。首先，政府应该向公众公开政府部门的机构组成、政府职能、规章制度及相关文件等，通过网络途径，以最便利的方式向公众展示，以便社会公民能够及时了解政府机构的相关信息，了解办事程序以及相关知识。其次，公民也能够便利地查询用来规范社会运行和指导社会发展的各项法规和政策，而且社会和公民也能了解到政府规章制度和政策制定的过程，人大、政协可以通过网络让公众了解到人大立法和提出议案的过程，使各项法律法规、规章制度、办事章程能够迅速传达到社会公民手中，并使公民更好地了解和贯彻法规、规章制度。再次，政府应该将近期发生的重大新闻事件及政府公告及时在互联网上向社会公布，让社会能够及时地了解政府动态。另外，服务于政府部门的各种资料、档案数据库应该逐步向社会公开，政府部门的许多资料对社会公众的用处很大，政府不仅要公开所拥有的资源，而且要进行整理和电子化，以便公民查询，充分挖掘资料的潜在效应。最后，政府应通过网络向社会公民提供各类公共设施和公用事业的信息，对现有当地的公民设施进行分类，对规划和建造中的设施进行及时报道。例如常用电话、图书馆等。

电视、报纸、通告、行政命令等都是政府向社会提供信息服务的传统方式，这些传统模式很难进行信息双向式传递，而电子信息彻底改变了传统模式的缺陷。首先，互动式电子信息可以通过网络评论和反馈，了解公民对政府的工作意见。其次，社会公民可以以电子邮件形式向政府或领导人直接反映社会的各种问题。再次，政府可以进行大范围的调查和议论，让社会公民为政府献计献策。最后，网上虚拟社会的形成，促使社会公民足不出户就可以积极参与国家事务，并对国家法律、法规、政策进行审核，社会公民还可以通过网络了解选举人的背景资料，进行投票选举等。

（2）电子证件服务

电子身份认证有两种形式：一是电子识别，二是电子证件。电子识别是通过电子形式保证发送信息的真实性、可靠性的各种标识，其形式很多，例如用户名和密码形式、指纹形式、语音形式、专业签名形式、电子印章等。电子身份认证可以是一张专用的职能卡，也可以是电子识别技术和电子证件技术。建立各种证件的资料库和数据库，使个人的出生证、户籍证、身份证、结婚证和离婚证、死亡证、毕业证、荣誉证等证件可直接在网上查验。另外，电子身份认证的可靠性直接影响“互联网+政务”的进程，所以应及早推出虚拟世界身份验证的法律文件，确保“互联网+政务”更加有序地推行。

（3）公民卫生保健和生活需求的电子服务

我国对医疗体系的改革势在必行，政府对医疗的间接管理的职能将会加大。公民可以通过网络了解国家对医疗体系管理的方针政策和各项具体的规定，例如医疗事故处理的规定；还可了解国家新审批的药品成分、功效、试验数据及其他数据；还可以了解我国或世界医疗技术、医院级别、医生执医资格、医疗器械和保健产品状况；可以通过政府网站或链接网站办理各类就医登记和预约手续。

可以设立电子保健服务系统。公民可通过网络了解本地区的健身设施，例如体育馆场所的功能、在社区设立的公共健身设施、规划发展中的健身场所和设施等；政府通过网络向社会公布各健身场所和设施的检查结果，并对公民的健康进行广泛的宣传和教育。

还可以设立电子粮油服务系统。农村的信息系统比较闭塞和落后，开通农村粮食销售电子渠道，可使农民能够较便利地查询各类农产品交易市场及其相关的法规和政策。

公民通过网络可以了解房产政策、住房公积金、住房装修等各项法规、政策、规定。可以了解经济适用房状况、城市建设规划、建筑公司和物业管理公司的能力鉴定等与住房相关的信息。可以通过网络办理城镇居民购买经济适用住房的审核等手续。公民通过电子交通系统可以了解公交线路及其价格的调整、城市铁路的发展、道路维修状况、航班列车时刻表等即时状况；交通管理局可以给车主办理电子卡；网上缴纳每年各种所需费用，网上缴纳各种罚款，使公民足不出户办理各种手续和费用。建立电子水电支付系统，居民不用每月到银行缴纳水电费，而可以直接通过网络完成。

（4）电子教育培训服务

政府资助学校建立校园网络教育网，资助学校建立多媒体教室，学生可以随时随地接受无线课程学习，教师通过网络向全校学生同时授课；政府建立全国性的网络教育平台，把学校的电子课件和电子图书馆接入互联网，以供社会公民共享学校资源；政府提倡建立各类网络学校和网络培训，实现教育培训信息发布、网上报名、网上课堂、远程教育、网上考核、网上学员管理、教育成果发布、网上课程管理、网上阅读和网上借书等功能。在注重学校资源开发的同时，更应加强各类网上培训的开发：首先是加强计算机培训，提高公民整体现代化水平；其次，加强各类职业培训，如会计、律师培训、公务员培训、职业经理人培训等；最后，加强老年人网上培训，如建立各种网上老年大学。

（5）电子就业服务

政府在互联网上开设人才市场或网上劳动市场，提供各类人才档案数据库、缺口职位数据库、求职数据库信息，以供相关社会公民查询；提供劳动合同等表格的下载；在人才市场、就业管理部门所在地或在公共场所建立网站入口，以便为无计算机的公民提供网上求职的机会；为公民提供网上就业形势分析和指导；提供就业中介组织介绍；进行网上面试、网上录用。

（6）电子社会保障服务

电子社会保障服务的业务范围涉及劳动和社会保障、卫生、药品监督管理、质量技术监督、民政、公安等相关部门，包括医疗保险、养老保险、失业保险、生育保险、工伤保险、卫生急救、社会福利、社会救济、优抚安置等业务。电子保险的内容主要包括保险政策的介绍、参保人员的审定和管理、社会保障IC卡、社会保险金的征缴、保险金的支付、保险资料交换等。

（7）权益保护服务

公民通过网络了解和查询应享有的权利和义务，政府部门在相关网站上开设专门的权益保护栏目，提供各类公民权益信息，如假冒伪劣商品的辨别和赔偿、肖像权的范围等，提高群众的消费权、公民权、财产权的保护意识和能力；

制定相关的法律文件，为保护公民权益提供法律依据，规范虚拟世界的运行秩序。另外，联合社会力量开发各类权益保护相关的技术，从技术角度降低网上侵权的可能性。社区、地区可以进行电子选举，产生代表或领导人，充分发挥公民的选举权。

（8）电子税务管理

随着经济体制改革的不断深入，税收成为公民生活的一部分。该不该纳税、如何纳税、如何退税等都成了公民的新课题。税务部门应通过门户网站，详尽介绍各种个人税收的办事指南，不断推出各种个人税务的网上办理。

（9）电子信访和电子投诉

政府机构在门户网站上设立电子信访信箱、网上论坛等栏目，以供公民向各级政府机构和领导反映问题。政府机构同时应设有一个电子信息处理中心，处理群众来访的信件和意见，及时转到相关部门，督促和监督问题的解决。

6.2
突发事件下政务短视频公众采纳中的应用

近年来，网络和科技的普及和深入发展，极大地改变了我们的生活方式。而随着时代的变迁，我国在线网络用户的状态逐渐地从单一的图文模式开始向短视频的形式转移，在碎片化的时代，人们越来越偏爱这种信息获取方式。同时，为建立健全政府政务公开机制，加快推进“互联网+政务”，着力构建全国一体化的在线政务服务平台。政务新媒体一直以来都受到政府的重视。十四五规划中提出要全面深化改革，加快转变政府职能，优化服务改革，畅通参与政策制定的渠道，提高决策科学化、民化、法治化水平，推进政务服务标准化、规范化、便利化，深化政务信息公开化。

当前“两微一端”等新媒体整体传播渠道，总体覆盖率达 88.9%。除了微博、微信和客户端外，短视频互联网平台也在不断涌现，官方政务机构纷纷入驻短视频平台。其中，具有 4 亿活跃用户的抖音短视频，最具典型性和代表性。抖音等短视频已经成为政务信息传播的重要渠道，在政务信息传播、政府形象宣传、促进政府与人民相互了解等方面发挥着良好的作用。特别是在抗击新冠肺炎疫情这场攻坚战中，抖音政务短视频在疫情信息的传播、正能量的传递、安全防护知识的宣传等多方面起到了独特的作用。

6.2.1 突发事件下政务短视频的功能分析

一般来说，政务短视频是以政府机构、事业单位等为传播主体，以行政公务类信息为主要内容，以新媒体平台为媒介，以解决群众问题、疏通政民服务通道为宗旨的政务新媒体形式。政务短视频内容权威、立场鲜明、形式生动。其中短视频平台中的抖音短视频一般的视频长度为 15 秒，且内容没有太多限制，贴近生活。基于现在大数据的应用，抖音依靠人工智能大数据算法，开发了一种内容个性化的推荐技术，优质短视频是可以刷出来的，通过上下滑动视频，就可以根据自己的爱好而得到被推送的短视频。抖音短视频的传播力强且互动性广，能够随时推送时事热点，拥有自己的热点榜。在 2018 年上半年，抖音由于自身拥有的巨大的流量和影响力，吸引了第一批的政府部门入驻。截至 2020 年 12 月，各级政府共开通政务抖音号 26098 个，开通的城市多，整体范围广，并且取得的反响也比较好。政府与抖音平台进行合作，发布政务短视频，以寓教于乐的传播手法，将教育、科普、宣传等严肃的内容以娱乐性、趣味性的手法融入短视频，可以实现政策发布意见征求互动、法律普及、政务公开和社会正能量的弘扬等公共服务功能，推进新型治理政府。

2020 年年初，新型冠状病毒迅速蔓延，它成为中国及世界各国最关注的事件，2020 年 1 月 31 日新冠肺炎疫情被国际世卫组织列为国际关注的突发公共卫生事件。此次突发公共卫生事件影响范围广，时效长，对于后疫情时代的影响更大。同时，它对政府整体工作能力、应急反应速度、治理结构都是极大考验。短视频平台本身有着海量的用户粉丝群体以及强大的传播能力。疫情期间，全国各大社区实行封闭式管理，在家隔离的人们面对未知的焦虑和恐慌，物质生活与思想情绪都经历着前所未有的煎熬，所以需要源源不断地从外界获取想要的信息以获得安全感与认同感。互联网发挥的作用则越来越重要，以政府部门为主体的公共机构作出关键性的决策，抖音政务短视频平台发布权威信息，掌握舆论主方向，提高社会认同感，并提供更加人性化与快捷化服务，以此来引导社会早日恢复正常秩序。可见，新冠肺炎疫情等公共危机下的政务短视频至少具有以下四个方面功能：

（1）传播信息，普及防护知识

政务短视频既能够像一般性的政务网站模式一样主动去发布一些法律、政策、数据之类的文字信息，同时也能通过视频有声有色地及时向公众提供公共管理动态信息。这样既能准确、清晰地传递政府意志，又能实现政务公开。在此次的全国新冠肺炎疫情公共危机事件的处理中，政务短视频更是发挥了重要作用，具有权威性、及时性和全面性等优势的政务短视频拓宽了公众获知可靠信息的渠道，使疫情信息得到及时传播，提高了政府公信力，使得公众加深了对于政府开展防疫工作的理解。例如：在国家成立抗击疫情专项专家组后，各级各类的政务抖音号迅速响应，每天及时跟进武汉和各地感染“新冠肺炎”疫情的数据和教授防控措施。以人民日报、央视新闻为主的央媒抖音号发布钟南山院士、张文宏医生等专家的访谈，稳定公众焦虑的情绪，加强“新冠肺炎”知识的科普。政务短视频向我们展示了其不容小觑的信息传递功能，也显现出其在危机管理、舆情回应等方面的巨大潜力。

（2）收集意见，互动回应公众

过去由于种种原因，公众提供意见的门槛较高，公众的积极性和主动性也受到影响，造成了部分公众社会冷漠的现象。而短视频最大的优势就是它可以及时互动，进行意见反馈收集。一系列政策出台之后，急需获得公众的回应。公众提出自己的意见或建议才更有利于政策的实施。贝尔认为，视频的情绪会影响观众分享、点赞和评论的意愿。政务短视频动态的、戏剧化的视频内容更容易感染公民的情绪，也更容易收集到大众的真实意见。在社会信用建设、公共安全治理等方面，政务抖音号都在积极探索，以期成为政府与民众互动交流的公共平台。比如，交警、法院和公安等部门利用政务抖音号来追捕肇事逃逸犯罪嫌疑人、抓“老赖”发布悬赏通缉令等，都取得了不错的成绩。此外，一些热心网友可以@政务抖音号，期望政府部门关注和解决社会民生问题，并得到了政府部门的积极回应。网民与政府通过短视频平台进行沟通，使政务抖音号在提供政务服务方面大有可为。疫情期间各大政务号报道了各种不合理物价涨价现象以及制造销售假冒伪劣口罩的行为，随着持续报道的跟进，国家迅速采取措施，严惩不贷，坚决打击发“国难财”的行为，以保障民生。

（3）强化形象，传递正能量

政务短视频使得政府形象的塑造常态化。由政府主导拍摄的系列宣传片、城市形象片、模范人物片、政策解读、普法栏目短剧等无时无刻不在传递政府理念，塑造政府形象，向公众提供认知政府的积极、正面的一种视角。而政府采取了这样接地气、包容万象、轻松活泼的呈现方式，减少了公众由于过去的刻板印象而造成的误解从而萌生出的抵触情绪，增强了政府形象、城市形象的接受度。政务短视频能够连续营造沉浸式传播体验，让手机屏幕前处于不同生活场景中的受众沉浸在“民族”“国家”等系列符号中，产生高度认同。公众参与城市形象塑造也是短视频的显著优势。公众通过自主拍摄城市场景和生活片段，表达了自己的主观感受和对美好生活的向往。而且政务短视频将经常将一些助人为乐、温情感动的内容推送给受众，唤起人们内心深处的良知。这对于净化网络空间、传递正能量，创建和谐社会也产生了积极的作用。例如在疫情肆虐时，无数个政务短视频好像是一束光，照亮了每个人的内心。人民日报新媒体与抖音携手，汇集抖音众多用户的真实故事，联合出品了主题为“美好终将到来”的短片。这其中，记录的有火神山建筑工人疲惫但是骄傲的眼眸，有为交警送上口罩的匿名路人，有遥望武汉空城的市民，有夜以继日、连夜奋战的医护人员，也有在家“战疫”的你跟我。无论是感动的还是搞笑的，脑洞大开的还是自娱自乐的，一支支视频就像是一篇篇“疫情日记”，共同记录对美好的期待。一个又一个真实动人的瞬间，还原着每一个普通却又不凡的“我们”面对疫情时的乐观和勇敢，用自己的力量，发出一道道驱散疫情阴霾的微光，汇聚成为冬去春来的灼灼暖阳。

（4）引导舆论，弘扬社会责任

短视频的参与度高，而且符合用户碎片化、娱乐化的阅读习惯，用户还能够发表意见互动，其吸引并聚集的用户数据庞大，目前已经成为新的舆论生产场，因此舆论引导成为政务短视频账号的必要功能。在全国进入抗疫期间，抖音发起话题“疫情结束后你最想做的是什么”，用短视频的形式记录下自疫情暴发以来，一直坚守在一线岗位的那些警务安保人员的心里话，在气氛压抑的疫情期间为全民带来点滴温情和感动。“在我国当前中国特色社会主义环境下，社会责任首先应该是政府的责任，至少理论上是这样。当年亚当·斯密说政府是守夜人；而弗里德曼讲，政府是我们的仆人。这也就是说，不管是作为守夜人还是仆人，政府承担‘国家安全、社会公正、公共产品（服务）以及脱贫扶弱’等社会责任都责无旁贷。”而政务短视频是政府能够很好利用并且促进自身工作良好展开的新型治理辅助工具。在后疫情时代，中央媒体、地方官方媒体，还有各类新媒体平台，充分利用自身在不同地区及领域的影响力和号召力，形成全国最强政务媒体直播矩阵，以媒体联盟的形式一起助力湖北经济复苏。“援鄂复苏计划”累计销售湖北特产 156 万件，销售额达 7235 万元，将湖北农产品和特产销往全国，真正扛起了社会责任，帮助地区经济发展，全面开展复工复产，增强社会公众对于政府的认同感和荣誉感。也给所有企业起到了示范作用，让企业自觉地扛起应当承担的社会责任，提高社会责任感。

6.2.2 突发事件下政务短视频的运行困境

（1）时间的滞后

以抖音为例的短视频平台在政务短视频运营上依旧存在着应对滞后的问题，即视频制作周期与时效性之间的冲突。政务短视频的制作推广往往有着自身的一套流程，例如前期脚本设定、后期视频和音频的编辑等，制作和审核的流程必定需要一定的时间，就会无法顾及新闻的时效性。此外，短视频的制作流程决定了视频的内容是正在发生或已经发生的情况，在应对如此次新冠肺炎疫情等突发公共事件时，政务短视频很难先于大众发出预警，其预警作用发挥相对不足，难以保证时效性。

（2）功能辐射范围的有限性

短视频的快速流行依靠着充当传播载体的智能科技设备，然而，现阶段，对于受众群体的数字化技术知识的普及工作仍然任重道远。例如，在 2020 年 8 月 24 日的疫情防控常态化期间，黑龙江省哈尔滨市一名老人因没有智能手机，无法扫描健康码而被公交司机拒载，一时间遭到众多网友热议。随后在 11 月 23 日时，湖北宜昌一老人冒雨来交医保，却因窗口不收现金被拒，现场工作人员称：“要么告诉亲戚要么手机支付。”当今时代信息千变万化，老年人面前正在遭受一种数字化鸿沟，截至 2019 年，我国近 2 亿老年人未接触过网络，一个小小的健康码对年轻人来说，填信息、截图可能只要一两分钟，但是，却能让不熟悉智能设备的老年人寸步难行。政务短视频在参与社会治理的过程中，在一定程度上忽略了这类人群的参与度与使用度，无意中加速了特殊群体的信息化淘汰。

（3）双向沟通互动性不足

互动度主要是指政务短视频中能够引起受众兴趣并在评论区进行评论留言、

点赞、转发分享，进而形成双向交流沟通行为的互动程度。目前通过单条视频的转发量、点赞量、评论量和浏览量的多少，可以综合判断出社会大众对短视频中呈现的话题的互动参与度以及感兴趣的程度。在政务短视频中，无论是针对突发公共事件的短视频，还是普通政务工作的短视频，单纯的点赞数和播放量无法衡量政务信息的传播效果，还要重视每条视频的真实转发量与评论量，并以此来评估受众对发布内容的参与度以及传播效果。许多政务短视频中都出现过点赞数量多、评论转发数量少的现象。新冠肺炎疫情期间，一些政务抖音号发布了一系列有关疫情的短视频，大众浏览之后纷纷在评论区点赞留言，评论内容除了阐述自己的一般性的看法，也包括了许多的大众疑惑且想要解决的问题，这些问题是大众关心的息息相关的民生问题，但是官方有关人员却很少回复网友的评论，与大众缺乏有效沟通和互动。

（4）内容同质化

政务短视频在进行视频制作传播的时候，为了更加亲民和接地气，容易出现内容定位模糊、内容趋于一致，科普生硬且广泛娱乐化的问题。在功能方面由于过于重视迎合部分受众群体，导致公共服务以及互动功能弱化，而且内容新颖度不高，常被当作是“蹭热度”。这样，极易导致受众的轻视甚至是反感。本身政务机构尝试立足于短视频娱乐平台的目的就是为了凭借接地气、亲民便民化的定位去实实在在地解决群众的问题、疏通出新型的政民服务通道。但是在实际的运营中，很多的政务号却是为吸引大量粉丝关注、迎合受众需求表现出“泛娱乐化”的倾向，忽视公众实际需求以及自身根本定位。如疫情期间发生的武汉红十字会捐赠物资分配去向事件，短视频没有详细说明其具体的起因和经过，公众通过短视频只能了解到事件的一个小的方面，从而导致了乌龙事件。视频表达不明确，易使用户接收信息出现错误。由于政务短视频的特殊性，作为新媒体，其制作、运营和维护都对传统的政府机构提出了与以往完全不同的要求。但是目前根据现有人员数据来看，现在大部分的政务短视频的运营者仍为兼职或者外包公司人员，互联网思维不到位，造成了他们无法全身心地投入到短视频的创作中来，他们本身也可能是非专业出身，责任感不强，且无法适应新时代政民在线沟通的新型理念。

6.2.3 突发事件下政务短视频的完善路径

（1）明确自身定位，践行舆情响应

突发公共危机事件的报道对于社会大众十分重要，官方媒体应该要保持清醒的头脑思路，对于发布内容题材精确挑选，并且严格把关，讲求真实准确。而政府等公共机构应当依托自身政务的特点，找准自身定位方法，满足公众需求，最终形成自己的特色，才能吸引更多受众，更好地提升政务信息传播效果以及政务工作效能。政务号应利用自身的独特政务优势，因地制宜、因时制宜地完成政务工作，尤其在发生重大公共事件后，应从新角度运用新形式发挥自身优势。同时可以专设突发事件应对通道，因为突发事件拥有突然性和聚众性等特点，所以对于各种公共事件的发生一定要及时响应反馈，可以减少不利言论的发酵，从而避免损害政府的公信力。并且要学会充分发挥业务特长，紧密联系自身政务领域的各种专业信息和知识，能够对各类问题给予专业和权威的解答。还应更加精细地制作政务短视频，叙事节奏详略得当，使得政务短视频的信息更加通俗易懂，以保障传达效果的最大化，避免造成误解引发其他问题。

（2）完善政务传播效果反馈体系

首先，应当集中收集民众对于政务短视频整体传播效果的反馈，然后再有针对性地对于特定的问题提出解决办法。单纯地进行信息发布和单向沟通目前已经不能满足现阶段公众对于互动性的需要，官方媒体运营者应当现身评论区有选择地回复评论和留言私信，与公众进行有效的沟通。利用大数据进行舆情监督，主动地去回应社会大众共同的关注的问题，并且应创新互动方式，如可让公众后台私信留言或在其他短视频评论区直接@官媒。掌握民生动态，与传统的线下信访制度相互配合，打造新型服务模式。

（3）内容严格把关，合理考核奖励

政务短视频的主体要把握好宣传的整体核心，以弘扬正能量和社会主义核心价值观为主，避免泛娱乐化。内容不能无聊低级，而且禁止出现各种明显的语言表述错误。发布视频时，更应该注重视频内容的真实性和准确性。加强“两微一端一视频”（微信、微博、平台客户端、短视频）的整体联动，整合所有粉丝资源。学会开创自身的人才创新激励制度，突破传统的做法，开启头脑风暴。政务短视频的流量竞争说到底是人才竞争，只有工作人员的思想水平和业务能力提高，才能带来内容品质的提升。加强创新激励不仅要在思想上激励，还要落到实处，在精神上和物质上同时为人才提供激励，才能够广泛吸纳人才，让创新走上正轨。

（4）构建长效政务短视频发展机制

网络社会具有突变性和不确定性，加快建立网络社会治理体系可激发其对现实社会的正能量。在短视频行业多变、各平台竞争分流的形势下，各政务机构应当根据平台的特点和行业的变动科学设定发展机制，健全短视频产业的监管原则和制度框架。科学有效的运营管理是加强政务工作传播效果的关键，高质量的政务短视频需要技术人员的视频剪辑制作技术、创作人员的内容创意以及运营人员的总体规划的共同支撑。因此，非专业政务号可与专业新媒介运营团队合作，保证在突发公共事件时，及时进行视频编辑工作，保证内容生产的数量与质量。除了与专业的运营团队合作外，还可采取网民投稿方式，让普通群众与著名网红等参与到政务号运营中，同时还要实时监测受众的反应，及时作出回应和适当调整。另外，还可根据不同内容进行量化评价，依据点赞数、评论数、转发数、点击量等后台指标测评传播效果，为以后的政务信息内容发布和传播提出建设性意见。

政务短视频在公共事件中的践行利弊共存，优势与缺陷同在。政务短视频作为创新公共管理的一种新模式以及开发公众参与的新渠道，致力于推行政府政务公开化。在政务新媒体的建设过程中，实际上它并没有取代此前政务微博、政务微信号以及各大平台客户端的作用，而是将其传承，并且依托于自身特色优势补足政府治理格局中的服务体系缺陷，创新互联网治理方式，健全民主参与机制，为打造“两微一端一视频”的新媒体格局奠定了基础。总而言之，各职能部门应在当前十四五规划指导思想体系下，利用短视频平台，深化“互联网+政务服务”建设，新媒体与政治系统双驱联动，营造“共建共治共享”的社会治理新格局。依托当前互联网发展的整体规律和态势，在大环境下不断突破自身的局限，创新突破政务信息公开途径，应是政务媒体现下重点调整的工作发展方向。

6.3 人工智能技术在“互联网+政务服务”公众采纳中的应用

人工智能的迅速发展正在深刻改变人类社会生活，改变世界。人工智能技术在“互联网+政务”公共服务领域已得到广泛应用，不仅提升了政务决策的科学性，也改善了服务的主动性和针对性。“互联网+政务”公共服务系统包括政府信息公开、政府办事、政民互动和政务新媒体，目前仍存在企业和群众反映强烈的办事难、办事慢、办事繁的问题。人工智能技术在“互联网+政务”公共服务领域的广泛应用，不仅提升了决策的科学性，也改善了服务的主动性和针对性，有效解决了政府公共服务领域紧张的人力资源问题，提高了公共服务的效率。同时人工智能的应用促进了公共服务的透明化，改善了与用户之间的交流沟通，使人民群众有更多获得感、幸福感和安全感。

6.3.1 人工智能与“互联网+政务服务”

“互联网+政务服务”是政府运用互联网技术与公民、企业和其他社会成员交换信息、提供服务和办理业务的平台。通过技术变革可以推动政府“放管服”改革和向服务型政府的转型，推进政府进入科学化决策、精细化社会治理、高效化公共服务的“数字政府”阶段，并推动政府向“智能政务”迈进，最终推动整个社会进入“智慧社会”。人工智能“互联网+政务”领域的广泛应用，正在对政府运行流程、政府对外提供的公共服务以及民众的体验，引发颠覆式的突破，推动“互联网+政务”公共服务从数字化、网络化向智能化加速变革。人工智能在“互联网+政务”公共服务领域的应用是未来实现“智能政务”的关键。人工智能正在或已在电子公共服务的各个领域得到应用，这些领域包括身份认证、在线客服、信息检索、行政审批、主动服务、辅助决策、应急处置、态势感知、智能自助终端、智能机器人等。

6.3.1.1 人工智能在“互联网+政务服务”领域的应用

（1）身份认证

目前“互联网+政务”公共服务业务场景中主要采取单一要素进行身份认证，PIN码认证、短信验证码认证、指纹认证、人脸识别等认证方式，或多或少都使用了人工智能的技术和方法，但安全性仍然需要改进。

短信认证方式可能被不法分子通过木马病毒、补卡攻击、克隆攻击、无线电监听等方式截取用户的短信验证码内容。人工智能技术和方法在身份认证领域的深入应用是解决身份认证安全性的有效手段。

（2）智能客服

智能客服在“互联网+政务”公共服务的应用是推动政府转型、提升服务效率、增强用户体验的重要手段。智能客服可以利用语音识别及分析技术，实时进行语义分析，通过开放式提示语音与用户实现交互，用户可自然说出需求，无须等待提示语结束，快速满足用户需求，提升用户满意度，而基于自然语言理解的人机交互技术尚有待取得进一步突破。

通过对语音的质检和分析，可挖掘语音价值，对来电原因、通话时长、满意度、来电次数等方面进行分析，智能机器人能准确把握客户需求热点变化趋势，提供全时段、媒体化、社交化等多种特性的服务，通过对网页、微博、微信及手机应用等渠道的用户问题及行为智能意图进行识别，再对接政务知识库、各种政务业务规程和流程的查询，实现精准回复。

（3）智能机器人

人工智能政务服务机器人包括通用政务服务机器人、税务服务机器人等，例如税务服务机器人可以利用语音识别、语音合成、语义理解等人工智能技术，通过拟人化的语音、文字等方式与客户进行流畅交互，提供业务咨询、业务办理等服务，与税务业务系统对接，同时通过微信、电话、自助终端、网页等多种渠道服务于广大用户，并对实时业务数据进行大数据挖掘，获得各类数据主题模型以用于业务分析。

（4）智能搜索

人工智能在“互联网+政务”公共服务信息搜索中的应用包括信息过滤、异构信息检索、视频信息的搜索。引入了人工智能技术的智能过滤技术，能够识别文档内容，实现智能化的过滤，包括人工智能范畴中机器学习的神经网络技术应用。

人工智能异构信息检索可支持包括 TXT、HTML、PDF、XML、RTF、图片等各种非结构化文件的处理和检索，智能搜索通过文字及图像等识别技术，可实现多语种、结构化、半结构化及非结构化数据的统一处理。

人工智能视频检索以目标的特征为检索条件可以快速在视频中检索出符合条件的目标，极大地提高在视频中检索的效率和准确度，可实现“用图查图”等功能，对“互联网+政务”公共服务的安全保障和服务绩效管控等起到不可替代的作用。

6.3.1.2 人工智能在“互联网+政务服务”领域的未来发展

人工智能研究与应用虽然取得了不少成果，但离全面推广应用还有很远距离，还有很多问题需要许多学科的共同研究。目前我国人工智能在“互联网+政务”公共服务方面的应用仍然处在一个较为初级的阶段，但已经对政府服务领域起到了积极作用。

国务院发布的《新一代人工智能发展规划》中提出，在智能政务领域，“开发适于政府服务与决策的人工智能平台，研制面向开放环境的决策引擎，在复杂社会问题研判、政策评估、风险预警、应急处置等重大战略决策方面推广应用。加强政务信息资源整合和公共需求精准预测，畅通政府与公众的交互渠道”。对此，人工智能技术在政务公共服务领域的未来发展可从以下方面展开：

① 基于大数据的政务服务辅助决策；

② 基于语音识别和情感分析的政民互动系统；

③ 基于人工智能视频处理的公共服务质量管理系统；

④ 人工智能自助政务服务终端；

⑤ 100个以上维度的个人图像和企业图像为基础的主动服务；

⑥“区块链+人工智能”的新型社会信用体系基础上的新一代公共服务；

⑦ 虚拟现实技术在政务公共服务中的应用。

人工智能一直处于计算机技术的前沿，人工智能研究的理论和发现在很大程度上将决定计算机技术的发展方向。对政府公共服务领域来说，人工智能技术未来在“互联网+政务服务”领域将有无比广阔的应用空间，是政务服务迈进“智能政务”的重要技术，人工智能的广阔应用最终将推动整个社会进入“智慧社会”。

6.3.2 智慧政务的发展

智慧政务即通过“互联网+政务服务”构建智慧型政府，利用云计算、移动物联网、人工智能、数据挖掘、知识管理等技术，提高政府在办公、监管、服务、决策的智能水平，形成高效、敏捷、公开、便民的新型政府，实现由“互联网+政务服务”向“智慧政务”的转变。运用互联网、大数据等现代信息技术，加快推进部门间信息共享和业务协同，简化群众办事环节，提升政府行政效能，畅通政务服务渠道，解决群众“办证多、办事难”等问题。

智慧政务主要包括城市服务、智慧公安、智慧税务、智慧交管、智慧办公、智慧医疗、智慧教育等诸多政务垂直行业，覆盖各省、市、县各级行政单位，为公众提供多渠道、无差别、全业务、全过程的便捷服务。

6.3.2.1 智慧政务的基本特征

透彻感知、快速反应、主动服务、科学决策、以人为本是智慧政务的基本特征，具体表现为以下四个方面：

第一，公共服务覆盖范围日益广泛。

智慧政务不断丰富服务类别，公共便民业务持续完善。结合业务职能和用户需求，在不同程度上整合教育、医疗卫生、交通、就业、社保、住房、企业服务等领域的相关政策、指南信息、业务表格、名单名录、业务查询、常见问题等资源，方便用户和企业使用。

第二，民生互动交流渠道不断完善。

很多政务网站已建立了多样化的互动渠道。九成以上的地方政府网站通过领导信箱、公众留言、在线咨询、在线投诉等渠道，接受公众和企业的咨询、投诉、意见和建议；七成地方政府网站建设了网上调查、民意征集、意见征集等栏目，实现在线意见提交功能；近三成的政府网站开通了直播面对面、在线访谈等实时交流平台，与公众进行深入交流。

第三，网上办事大厅促进互联互通。

为了解决职能交叉重叠导致的“信息孤岛”问题，将“联而不通”变成“互联互通”，全国很多城市和地区都在积极探索建设网上办事大厅，将此作为打造智慧政务的关键环节。通过线上与线下的服务整合，将有关职能部门有机联系成一个整体，实现业务办理的互联互通。办事人可以在智能手机、电脑等多个终端办理业务，随时随地查看办事指南、进度流程、审批结果。网上办事大厅的建设，同时为打造服务政府、法治政府、阳光政府奠定了基础。

第四，“政务+新媒体”拓展沟通边界。

越来越多的政府部门重视并利用新的互联网平台，强化宣传和互动效果。如通过政务微博、政务微信等，积极开展微访谈、微直播、微话题、微答疑，拓宽了政府互联网互动渠道，拉近了网民与政府之间的距离；以文字、图片、视频、访谈等多样化的解读方式，对相关政策的制定背景、依据、意图、实施路径等进行详细解读，便于社会公众理解。

6.3.2.2 智慧政务的四大领域

智慧办公、智慧监管、智慧服务、智慧决策。

6.3.2.3 智慧政务的四大职能

经济调节、市场监管、社会管理、公共服务。

6.3.2.4 智慧政务的目标

一站式服务——全面整合政府门户及下属单位子网站的信息资源，从全局考虑，实现有序互联、有效共享，政府各部门通过重置流程及资源，以提供市民及公司便捷、优质、低成本的服务。

并联审批——政府各联网部门实现数据整合和信息资源共享，对政府工作流程进行优化和改造，以标准化服务的方式实现各类跨部门的联动业务，提高政府办事效率。

互动沟通——增加创新的沟通渠道，提供市民与领导、企业与政府之间互动交流的平台机制，加强与各界代表人士的协商，树立一个公平、公正、公开，并且响应快速高效的政府形象。

权力阳光——利用网上行政监察和法制监督系统对“服务”的治理，对行政执法信息公开的程度和执行效率进行监督，确保行政行为依法、透明、廉洁、高效运行。

政务建设——智能化提取政务业务数据，并且指导业务决策和政策推行。

6.3.2.5 智慧政务的服务内容

智慧城市服务集纳了医疗、交管、交通、公安户政、出入境、缴费、教育、公积金等多种民生服务办事功能，如生活缴费、预约挂号、天气预报、空气质量、社保查询、地税服务、学历查询、公证申办、婚姻业务预约、机动车违法查询、停车场停车、市内实时路况、小客车摇号查询、城市热力图、公交查询、公共自行车查询、出租车查询等办事查询功能，让市民充分享受城市生活的便捷，是“互联网+”在民生服务领域的落地。

城市发布是展示政务形象、发布政府信息的新平台，通过及时发布各类权威政务信息、开展互动交流、提供在线服务等功能，如城市概况介绍、新闻动态更新、人文美食介绍、旅游景点介绍、微博/微信矩阵、社保查询、公积金查询、公交查询、办事指南、便民服务、在线留言、建言献策、举报监督等功能，拓宽政府信息发布渠道，提高政务服务能力，提升政府新形象。智慧公安通过互联网实现网上公安局，具有警务信息公开、网上办事、网上服务、网上管理、网上互动、网上宣传等多种功能，主要包括出入境业务、户政业务、交警业务、治安业务、反诈骗查询、网安业务、消防业务、信访业务、禁毒业务、反诈骗查询、警务资讯、通知通告、线索悬赏、微博/微信矩阵、有奖举报、活动投票、便民回答、在线咨询、热力地图、身边警察、在线投诉、建议信箱、治安评价、身边派出所等便民服务，真正实现网上受理、审批、查询及办结的“一站式”全程服务，使人民群众办证办事更加便捷便利。

智慧税务功能是指税务机关大力推进网上办税、自助办税和移动办税，把实体办税服务厅主要业务大量移植到线上，比如发票查询、个人税务查询、电子发票开具与报销、车船税查询、办税登记、发票管理、自助办税、办税地图等便民税务服务，可以有效提高办事效率和服务能力，让办税更快捷方便。智慧交管不仅能实现开阔交管信息传播渠道，加强政民之间的良性互动，为广大市民提供查询类、业务办理类服务，如车辆违章查询、违法代码查询、违法记录、路况查询、ETC 办理查询、公路通行费查询、办事指南、考试预约、号牌预选、违法处理、车辆检验预约、车辆检验预约等便民功能，还能实现预约、申报、支付等多重应用型功能，打造为民办事平台，更好地建设公共服务政府机构。

6.3.3 智慧政务提升政府服务效能

政府职能转变，建设以“互联网+政务服务”为核心的智慧政务，实现部门间数据共享，推进管理型政府向服务型政府、传统政务服务向现代政务服务转变，是经济新常态下深化行政审批制度改革，简政放权、放管结合、创新政务服务管理模式的新途径。

6.3.3.1 传统政务服务的弊端

传统政务服务是以部门为主、多行业多层级多层面的管理模式，成本高、效率低、群众不满意程度高。其弊端主要体现在：一是办公模式手段落后、效率低下，群众办事需要面对不同部门，反复递交材料，费时费力费成本；二是业务流程机构设置多、行业管理多、审批层级多、审批科室多、审批人员多，因体制机制不顺畅，办事烦琐、耗时过长、效率低下；三是与群众沟通易受时间场所限制和情绪影响，很难形成有效的互动和关切，影响政府与群众的关系；四是提供服务主要是被动接受群众的服务申请，缺乏主动为群众提供服务的意识和平台；五是监督监察方面，主要以档案检查与投诉核查为主，缺乏事前事中事后适时预警监督与绩效评估，体制机制制度不健全，顾此失彼。

6.3.3.2 智慧政务服务的特点

智慧政务服务是应用现代信息技术提高政务服务水平的一种形态，也是转变政府职能，推进国家社会治理能力现代化、精细化、标准化、高效化的重要方法和选择。现代智慧政务服务有以下特点：一是智慧感应。借助大数据分析技术预知群众潜在的服务需求，并做出针对性主动服务响应，实现服务与需求之间良性互动。二是智慧服务。通过智能化设备建设，在政务服务中充分应用现代科技信息技术，简化办事手续、加快办事速度、厘清办事权责、公开办事过程、明确办事规矩、严肃办事纪律、强化办事监督。全面推行网上审批、网上服务、网上办事，开通多元化公众自助办事渠道，主动服务、自主服务、互动服务、人性化服务、情境化服务、便捷化服务、提升综合服务效应。三是智慧决策。基于大数据对政务服务建立模式化分析系统，对审批服务事项提供智慧决策参考，摒弃凡事开会、凡事跑腿、凡事会商、凡事签字、凡事盖章的弊端，充分应用网上签名、电子签章、虚拟流程、证照还原，连通决策后台与受理预审勘察服务前沿，音视频互动，开辟多元化的知情、决策、指令、回传渠道。四是智慧管理。依托现代信息技术，对政务服务的环节、环境、方式和渠道等程序进行优化再造，全面推行模式化管理，一证审验、一指点击、菜单公示、一单告知、一卡填表、一窗递送、一口受理、一站审结、一口出件，控制自由裁量，减少人为干扰。

6.3.3.3 智慧政务的主要职能

一是全面梳理政府部门权力清单。摸清政府权力家底，是智慧政务建设的基础，由此从而实现政务服务的电子化，权力运行的透明化，业务办理流程的规范化。

二是建设技术支撑体系。采取政府主导、顶层设计、服务外包模式建设智慧政务服务平台，由外包服务企业提供专业的驻场服务保障。平台总体由“一网一库两平台多终端”构成，“一网”是以服务企业和民生为主线，围绕公开服务与互动建设的政务服务网，实现各级各类服务一网全市通办；“一库”是基于大数据建设的信息资源库，对各部门政务相关信息进行采集存储，并深度挖掘分析利用，在政务服务过程中提供信息验证、资源共享和业务协同，为政府主动推送服务提供支撑，为决策分析提供依据；“两平台”是承载核心业务处理的政务服务管理平台与便民服务应用平台，打造“单一窗口”与“全市通办”的服务管理模式，提升政府服务形象；“多终端”包括电脑、手机、自助机、电视、电话等，打造多终端立体化的便民服务体系。

三是有效整合数据资源。各部门数据无法互联互通严重影响了政府效能提升和数据资源价值的深度挖掘。打破信息“壁垒”，通过信息资源库整合数据资源，统筹清单数据、项目数据、监察数据与基础数据，提供服务协同。清单数据是对各级各部门权责清单的动态管理。项目数据是对政务服务事项各办理环节与要件材料的管理。监察数据是对政务服务事项各办理环节的预警监督与效能评估管理。基础数据是对政务服务事项办理过程中产生的人口、法人与证照等数据的管理。

四是立体化延伸政务服务。横向覆盖各类行政权力事项，集中管理行政许可、行政处罚、行政征收、行政确认、行政给付、行政奖励、行政强制措施、行政强制执行、行政监督检查和其他行政权力十类业务，全面规范政府服务行为。纵向覆盖各级各单位下放到基层的政务服务与便民服务事项，并因地制宜开展社区便民服务，通过智能化设备的应用，提升群众享受政务服务的便易程度，形成“横向到边、纵向到底”的四级政务服务体系。

五是大数据专题应用。推进政府主动服务与数据分析，对信息资源库进行挖掘分析，从申请人行为、服务关联关系、历史办事数据等方面进行深度计算，对申请人需要的服务需求进行预测，主动提供推送式服务。对各级各部门办件数据进行深度计算分析，为优化市民中心窗口布局、进一步缩短承诺时间、限时办结提供数据支持。

6.3.3.4 智慧政务的创新与变革

智慧政务服务平台，是运用信息化手段推进政务服务的现代化，不仅让群众得利，更让群众便利，促进政府职能由管理向服务转变。具体来讲，有以下五个方面的创新：

一是建设智慧政务服务平台是推进政务服务管理的制度创新。智慧政务服务平台充分运用“互联网+政务服务”，让互联网形成的新制度管人、管事，创建权责一致、监察高效的制度新体系，为扁平化管理建立了新制度，为优化政府服务构建了新机制。

二是建设智慧政务服务平台是践行群众路线、“三严三实”、“两学一做”的实践创新。针对社会关注、群众关切的问题，智慧政务服务平台在制度设计上坚持以公众为主体，建立“一站式、全天候”的服务渠道。构建了“横向到边、纵向到底”的服务体系，群众足不出户就可以享受到便利的政务服务，打通服务基层“最后一公里”瓶颈，拉近了政府与群众之间的距离，增强了公众福祉。

三是建设智慧政务服务平台是扶持“大众创业、万众创新”的动力创新。针对审批事项过多、办事程序烦琐、行政效能低下等问题，以深化行政审批制度改革为突破口，坚持“应减必减、应放则放、放管结合”，“瘦身”审批权力，简化办事程序，缩短办事期限，降低行政成本和群众办事成本，优化发展环境，真正实现为企业“松绑减负”，激发市场活力，调动大众创业积极性，释放改革红利。

四是建设智慧政务服务平台是建设法治政府的手段创新。智慧政务服务平台把“以公开为常态、不公开为例外”“法无授权不可为、法定职责必须为”的理念贯穿工作始终，以权责清单和负面清单为基础，推进行政权力网上运行公开化、业务流程规范化，用法律和标准再造权力运行，限制了自由裁量权，让政府权力纳入了法治化轨道，使政府部门和公职人员“有权而不能任性”，促使政府部门权责重构。

五是建设智慧政务服务平台是加强党风廉政建设的监督创新。智慧政务服务平台将各级政府部门的审批服务事项及便民服务事项全部纳入，对各单位办理情况、群众投诉情况进行网上适时在线监察，实现了审批透明化、流程数据化、监控实时化，有效消除和防范权力设租寻租空间。结合建立权责清单制度，促使政府部门实现勤政廉政、依法办事，从源头上预防腐败。

6.4
区块链技术在“互联网+政务服务”公众采纳中的应用

6.4.1 区块链与“互联网+政务服务”公众采纳的契合点

区块链的去中心化、公开透明、隐私保护、可追溯等技术特性具有应用于“互联网+政务”的优越性，有利于提升公众参与的认同感和体验感，提升公众采纳。以下从公众对大数据需求层面、公众参与多中心层面、公众对政府信任层面来分析区块链与“互联网+政务”公众采纳的主要契合点，以及区块链技术应用于“互联网+政务”公众采纳的优越性。

公众对大数据需求层面：政府虽然掌握着社会大量数据资源，但是由于各个部门、区域、行业之间的利益壁垒，以及相互之间沟通不畅等因素，导致“互联网+政务服务”数据开放性低，不能满足公众对大数据共享需求。区块分布式存储使网络中的每个参与主体都能够读取和存储数据，并且公共数据更新都将映射到整个网络，实现不同区域、行业主体之间，以及政府与公众之间的数据交流与共享。与此同时，通过利用区块链点对点技术，“互联网+政务服务”能够使公众获取更加个性化、精准化信息服务，满足公众对大数据的需求。

公众参与多中心层面：区块链技术特性适用于多状态、多环节、多方共同参与协同完成。一方面，区块链的去中心化能够实现“互联网+政务服务”的多中心参与，并使得各个主体处于平等地位，改变了以往政府在政务治理体系中的绝对中心状态。另一方面，区块链的共识机制要求各主体之间遵守共同协议并履行义务，共同管理和协调整个“互联网+政务服务”网络体系，共同维护和监督数据的安全，自发协调地形成有序的自组织政务网络，公众角色和作用也从最初的被动参与变为积极主动参与。

公众对政府信任层面：公众接受“互联网+政务服务”的前提是对政府信任，政府只有做好政务数据安全、用户个人隐私保护才能取得公众信任。通过区块链技术传输的政务数据具有很强安全性和可靠性，区块链非对称加密算法具有验证数据来源、保护数据安全的作用；区块链哈希算法具有保护数据隐私，防止数据泄露作用；区块链点对点技术可防止政务数据的失真、滞后，保证数据的一致性和完整性。基于区块链网络共识构建一个多主体参与的信任网络，打破传统政务层层下达模式，直接下达到相关主体部门执行，区块链的适用准则恰好与政府信任契合。

6.4.2 构建基于区块链的“互联网+政务服务”公众采纳路径

本文分析区块链技术背景下公众采纳意愿的影响因素，从多维角度探析“互联网+政务”公众采纳行为的特征，提出推进“互联网+政务服务”公众采纳对策建议，一方面，利用区块链技术加强政务信息平台以及大数据的安全建设，提升公众信任，另一方面，利用区块链去中心化实现多中心协同参与机制，增强公众采纳社会治理的积极性，构建基于区块链的“互联网+政务服务”公众采纳路径。

（1）加强政务信息平台和大数据安全建设，提升公众信任

大数据时代的信息安全是影响公众采纳的重要因素之一，通过实证分析表明政务信息平台以及大数据安全信任因素会对公众采纳意愿产生显著影响，如果用户相信政务信息平台和大数据环境是安全的，就会积极采纳“互联网+政务服务”，利用平台积极办理各项事务，并且进行各种互动活动。政府在利用区块链技术完善“互联网+政务服务”过程中，需要加强对公众隐私的保护，以及政务大数据平台的安全保障。一方面，通过区块链智能合约技术构建统一“互联网+政务服务”数据入口，将政府机构、金融机构、监管机构、审计机构以及其他机构放置到区块链生态体系中，实现一定范围内的政务大数据开放共享。另一方面，建立政务数据治理区块链技术应用体系标准，利用区块链技术的不可篡改、非对称加密能力、数据可追溯等技术特性，制定“上链”数据标准和质量要求，对“上链”政务数据进行验证和安全加密，提高政府数据库安全性能，降低数据库遭受攻击和数据泄露的风险。与此同时，利用区块链分布式存储技术加强政务大数据建设，使政务网络中每个参与者能够及时读取和存储数据，并且任何数据的更新都将同步到整个网络，实现不同主体之间的数据交流与共享，满足公众对于政务大数据安全和隐私保护的需求，赢得公众信任，提升公众参与政务的积极主动性。

（2）构建多中心协同参与模式，实现多方主体良性互动

传统政府结构呈现金字塔式的组织架构，其政务信息传递是自上而下、层层推动实施的，这样经过多层传达和过滤，可能会导致政务信息在传递过程中失真，无法及时传到下面各个机构主体。利用区块链的去中心化与分布式结构技术特性，在政府、各机构主体、公众之间建立点对点的数据交换网络，将有效避免数据的重复采集、加工，减少主体之间不必要的中间环节，提高了政务执行效率和治理水平，实现“互联网+政务服务”各参与主体之间的交互和连通。与此同时，通过社会治理过程中的多中心参与，改变政府在“互联网+政务服务”中的绝对中心状态，使得各个主体处于相对平等地位，数据交换网络中每个节点代表不同主体部门，假设为教育部门、监察部门、公安部门、财政部门、税务部门、安全部门、文化部门等，每个主体部门被授予公钥和私钥，这样就可以获取网络信息传递和处理权限，例如数据读取、数据查询、数据存储和数据验证等权限，并且确保各自敏感信息在网络传递中的安全性。此外，通过区块链共识机制可以使得各个参与主体之间达成共同协议，共同管理和协调“互联网+政务服务”网络体系，共同监督和维护数据的安全，共同履行各自义务，从而自发形成规范、有序的政务网络，这样使得公众由最初的被动参与者变为积极主动参与者。

（3）构建立体化“互联网+政务服务”大数据共享平台，满足公众需求

实证分析表明感知易用性因素显著影响公众采纳，因此需要利用区块链技术构建立体化“互联网+政务”大数据共享平台，提高政务服务平台的易用性。首先，利用区块链技术整合不同部门、行业和区域之间的数据资源，并且把这些数据资源上链到“互联网+政务”数据交换网络之中，将上链政务大数据向社会各主体公开，实现“互联网+政务”数据资源共享，尤其是与民生息息相关的户籍、医疗、养老、社保、教育、便民等信息；其次，通过区块链网络技术改善“互联网+政务”技术环境基础，优化“互联网+政务服务”流程，建立互联互通、高效协作的区块链政务网络，促进政务数据公开、透明、规范、有序地运行，有效提高公众采纳度；最后，针对不同群体提供个性化政务服务平台，按照企业、个人、法人等不同服务对象进行分类，设置行政审批、便民服务、阳光政务等服务栏目，在实施过程中面向用户需求，注重改善用户体验、提升公众采纳的积极主动性。同时利用区块链技术提升服务效能，让特殊人群也能感知到政务平台的智能化、特色化服务，例如，一站式的智能问答服务、智能语音导航、智能外呼服务等，只有让用户感受到政务服务平台所带来的便利性和易用性，才能真正使用户接受并且持续使用“互联网+政务服务”。

（4）构建多主体监管反馈参与机制，维护区块链政府信任生态

利用区块链技术实现信息公开透明，形成政府信任网络。政府机构可以制定政策，鼓励更多的公众参与政府信息公开服务，用户一旦感知线上信息服务带来的高效性、便利性和交互性，用户信任倾向也会有所转变，信任倾向较低的人也会逐渐提高对政府信息公开内容、信息公开渠道以及信息公开的真实性、全面性的信任，从而提高公众对政府机构的整体信任程度，最终愿意接受并且积极参与政府信息服务。与此同时，政府在实现信息共享、能力提升、多中心协同互动的基础上，仍需要接受社会各主体的共同监督，需要自下而上的信息反馈与社会参与，才能形成一个双向、全面、畅达的交互环境，全方位建立和维护政府信任。利用区块链建立多主体监督反馈环节，共同承担政府数据区块链的监管责任，从而共同维护整个信息公开的信任环境。一方面，政府可以利用区块链政务系统向社会进行公示、征集意见、听取民意，社会各主体根据自身情况参与政策的讨论与制定，见证政策的形成过程，这样可以使政策更加贴近民生需要，形成良好的社会舆论效果，提高社会各主体对政府执政方式和服务效果的评价，进而增进全社会对政府的信任度。另一方面，政府需要鼓励企业、社会组织、公众等多主体共同参与，形成多中心协同的区块链政府信任生态系统，各主体在信任生态系统内根据共识享有权利、履行义务，不断地交流、磨合、互动，共同促进生态系统的发展与成熟，逐渐形成一个良好的政府信任生态环境，维护政府信任的持久生命力。

区块链作为一个新兴概念和颠覆性的技术，对传统政务服务的理念、机制和体系都产生了深刻的影响，政府通过区块链技术应用不仅提高了“互联网+政务服务”的效率和透明度，也使政务服务面临着规范、有序、安全的多重挑战。本节基于区块链技术背景下分析“互联网+政务服务”公众采纳的影响因素，探寻不同时期公众采纳行为的演变规律，并且把区块链作为一种重要的技术工具引入到“互联网+政务服务”研究当中进行理论探索，为我国政府治理创新研究提供新的理论研究视角，为提高“互联网+政务服务”公众采纳提供学术上的参考和依据。研究发现政府信任、大数据安全信任、区块链技术优势对公众采纳初始意愿影响显著，感知易用性、感知有用性、感知质量直接正向影响公众满意度，间接影响公众采纳持续使用意愿。因此，政府应该利用区块链技术加强政务大数据安全建设，提升公众信任；改变传统的政务服务模式，实现多主体协同参与机制；提高政务服务的效率，增强公众参与社会治理的积极主动性。研究结果为提高“互联网+政务服务”质量的持续改进提供理论依据与数据支撑，充分实现区块链技术背景下政务服务的应用价值。

参考文献

［1］ 中国公益新闻网. 后疫情时代社会工作教育可能面临的挑战性议题［EB/OL］.（2019-10-25）［2020-03-26］. http：//www.cpwnews.com/content-18-36746-1.html.

［2］ Feldman，Sigelman，Stanley，et al. Efficacy，mistrust，and political mobilization：a cross-national analysis［J］. Comparative Political Studies，1983（03）：93-104.

［3］ Pae J H，Hyun J S. The impact of technology advancement strategies on consumers' patronage decisions［J］. Journal of Product Innovation Management，2002（05）：375-383.

［4］ 陈隽. 社会恐慌时期流言的传播与控制——SARS 时期社会流言肆虐引发的思考［J］. 福州大学学报（哲学社会科学版），2003（04）：14-15+112.

［5］ 欧阳李立. 网络参与下的地方政府回应模式构建［J］. 人民论坛，2016（11）：43-45.

［6］ 福山，禚明亮. 美国的政治衰败正在"背离"自己的公民［J］. 世界社会主义研究，2020（03）：92.

［7］ Rousseau D M，Sitkin S B. Burt R S，et al. Not so different after all：a Cross-discipline view of trust［J］. Academy of Management Review，1998，23（03）：1-12.

［8］ L Carter，F Bélanger. The utilization of e-government services：citizen trust，innovation and acceptance factors［J］. Information Systems Journal，2005，15（01）：5-25.

［9］ 中华人民共和国中央人民政府. 国务院办公厅政府信息公开指南（试行）［EB/OL］.（2019-10-25）［2020-05-02］. http：//www.gov.cn/zhengce/node_330.htm.

［10］ 邓胜利. 从"非典"事件看信息公开的价值［J］. 图书与情报，2003（04）：37-39.

［11］ 王益民，刘密霞. 电子政务环境下的政府信息公开与电子参与的相关性研究［J］. 情报理论与实践，2016，39（10）：31-35.

［12］ 贺军，蒋新辉. "互联网+"时代突发事件中的政府信息公开：机遇、挑战与应对［J］. 秘书，2018（03）：65-73.

［13］ 人民日报. 疫情信息公开透明，需要当下每个人的自觉［EB/OL］.（2020-02-10）［2020-05-02］. https：//baijiahao.baidu.com/s?id=1658113432334357247&wfr=spider&for=pc.

[14] 王毛路，陆静怡. 区块链技术及其在政府治理中的应用研究［J］. 电子政务，2018（02）：2-14.

[15] 张毅，朱艺. 基于区块链技术的系统信任：一种信任决策分析框架［J］. 电子政务，2019（08）：117-124.

[16] 毕瑞祥. 基于区块链的电子政务研究［J］. 中国管理信息化，2016（23）：148-151.

[17] 肖炯恩，吴应良. 基于区块链的政务系统协同创新应用研究［J］. 管理现代化，2018（05）：60-65.

[18] 张成岗. 区块链时代：技术发展、社会变革及风险挑战［J］. 人民论坛·学术前沿，2018（12）：33-43.

[19] 张楠，赵雪娇. 理解基于区块链的政府跨部门数据共享：从协作共识到智能合约［J］. 中国行政管理，2020（01）：77-82.

[20] 陈涛，马敏，徐晓林. 区块链在智慧城市信息共享与使用中的应用研究［J］. 电子政务，2018（07）：28-37.

[21] 雷晓康，安静，张茜茜. 跨区域突发事件中地方政府内部应急协作的情景构建分析与优化策略［J］. 中国行政管理，2019（04）：145-150.

[22] 芮国强，宋典. 电子政务与政府信任的关系研究——以民众满意度为中介变量［J］. 南京社会科学，2015（02）：82-89.

[23] 刘建平，周云. 政府信任的概念、影响因素、变化机制与作用［J］. 广东社会科学，2017（06）：83-89.

[24] 李书巧，张炜栋. 政治系统论视角下我国政府信任的影响因素及提升策略研究［J］. 厦门特区党校学报，2020（01）：5-10.

[25] 李燕凌，丁莹. 网络舆情公共危机治理中社会信任修复研究——基于动物疫情危机演化博弈的实证分析［J］.公共管理学报，2017（04）：96-106.

[26] Cyan M，Price M，Rider M. What determines citizen trust：evaluating the impact of cam-paigns highlighting government reforms［J］. International Center for Public Policy Working Paper，2017.

[27] 朱春奎，毛万磊，李玮. 使用电子政务能够提高公众的政府信任吗?［J］. 公共管理与政策评论，2017（04）：60-70.

[28] 贾哲敏，孟天广. 信息为轴：新冠病毒疫情期间的媒介使用、信息需求及媒介信任度［J］. 电子政务，2020（05）：41-45.

[29] 徐晓林，张梓妍，明承瀚. 公众信任、政务服务质量与持续使用意向——基于 PLS-SEM 的实证研究［J］. 行政论坛，2019（03）：96-106.

[30] 余益民，陈韬伟，段正泰. 基于区块链的政务信息资源共享模型研究［J］. 电子政务，2019（04）：55-70.

[31] 陈菲菲. 基于区块链的政府信任构建研究［J］. 电子政务，2019（12）：106-116.

[32] 吕欣，裴瑞敏，刘凡. 电子政务信息资源共享的影响因素及安全风险分析

［J］. 管理评论，2013，25（06）：161-169.
［33］ 马亮. 电子政务使用如何影响公民信任：政府透明与回应的中介效应［J］. 公共行政评论，2016（06）：51-70.
［34］ 赵倩，申健. 从突发性公共事件看政府信任建构［J］. 人民论坛，2011（29）：58-59.
［35］ 赵莉. 我国电子政务信息资源信任影响因素研究［J］. 情报科学，2013（06）：140-144.
［36］ 卢云帆，鲁耀斌，林家宝. 在线沟通对顾客网上购买决策影响的实证研究［J］. 图书情报工作，2012，56（12）：130-137.
［37］ 李乐乐，陆敬筠. 基于 TAM 的电子公共服务接受模型及实证研究［J］. 情报科学，2011（10）：509-513.
［38］ 关欣，张楠，孟庆国. 基于全过程的电子政务公众采纳模型及实证研究［J］. 情报杂志，2012（09）：191-196+201.
［39］ 高明，陈永顺.公众使用政府门户网站服务的影响因素研究［J］.情报杂志，2012（03）：88-94.
［40］ 周沛，马静，徐晓林.移动电子政务公众采纳影响因素的实证研究［J］. 图书情报工作，2012，56（05）：134-138.
［41］ 王立华，苗婷. 农民对电子政务服务的采纳意愿及影响因素的实证分析——基于陕西省西安市农民的调查数据［J］. 当代经济科学，2012（06）：109-114+126.
［42］ 杨雅芬，李广建. 电子政务采纳研究述评：基于公民视角［J］. 中国图书馆学报，2014（01）：73-83.
［43］ 边鹏. 技术接受模型研究综述［J］. 图书馆学研究，2012（01）：2-6.
［44］ 李君君，曹园园. 基于用户体验的电子政务门户网站公众采纳行为的实证研究［J］. 现代情报，2015（12）：25-30.
［45］ 卢小宾，王建亚. 云计算采纳行为研究现状分析［J］. 中国图书馆学报，2015（01）：21-32
［46］ 张楠，郭迅华. 中国电子政务采纳：后信息化时代的多视角研究［M］. 北京：清华大学出版社，2014：46-96.
［47］ 张毅，何庆，李梅.政府部门采纳社交媒体过程模型——以“武汉交警”政务微信为例［J］. 电子政务，2016（05）：56-65.
［48］ 郭俊华，朱多刚. 基于信任的移动政务服务公众采纳模型与实证分析［J］. 软科学，2015（12）：108-110.
［49］ 侯化. 互联网+政务服务——安徽省亳州市运用互联网思维探索政务服务新途径［J］. 行政管理改革，2015（07）：83-85.
［50］ 刘超慧，王艳杰，周九常. 我国电子政务信息资源整合研究综述［J］. 图书馆理论与实践，2015（08）：35-39.
［51］ 丁绪武，吴忠，夏志杰，等. 社会化电子商务用户兴趣图谱构建的研究［J］.

情报理论与实践，2015（03）：105-110.

［52］张玉涛，夏立新. 基于主题图的电子政务信息资源整合模型研究［J］. 情报杂志，2009（07）：161-165.

［53］肖荣莲. 基于政府门户网站的电子政务信息资源整合［J］. 黑龙江档案，2010（03）：80-86.

［54］李宇，米青. 政府网站群建设与信息资源整合［J］. 新疆社科论坛，2011（06）：23-25.

［55］牛力. 政务信息资源“云服务”整合模式研究［J］. 情报杂志，2013（01）：160-163.

［56］王克照. 智慧政府之路：大数据、云计算、物联网架构应用［M］. 北京：清华大学出版社，2014：12-50.

［57］马费成. 信息资源开发与管理［M］. 2 版. 北京：电子工业出版社，2014：50-108.

［58］黄科舫，翟姗姗，李楠. 我国政府信息资源整合实践研究综述［J］. 情报科学，2010（04）：620-624.

［59］鲁俊杰，侯卫真. 面向信息资源整合的电子政务云平台构建研究［J］. 图书馆学研究，2012（13）：36-40.

［60］赵震，任永昌. 大数据时代基于云计算的电子政务平台研究［J］. 计算机技术与发展，2015（10）：145-148.

［61］陈为东，王萍，王益成，等. 政府网站信息资源的多维语义知识融合结构体系及策略研究［J］. 情报理论与实践，2017（06）：111-116.

［62］王艳，胡志俊，刘国伟，等. 北京市政府网站集约化建设策略的探讨［J］. 中国管理信息化，2017（13）：31-36.